COISAS DE MAÇOM

CIP-BRASIL. CATALOGAÇÃO NA PUBLICAÇÃO
SINDICATO NACIONAL DOS EDITORES DE LIVROS, RJ

R694c   Rosa, Antonio Carlos Santos
        Coisas de maçom / Antonio Carlos Santos Rosa. – 1. ed. – Porto Alegre [RS] : AGE, 2025.
        112 p. ; 14x21 cm.

        ISBN 978-65-5863-349-5
        ISBN E-BOOK 978-65-5863-350-1

        1. Contos brasileiros. I. Título

    24-95070   CDD: 869.3
                          CDU: 82-34(81)

Meri Gleice Rodrigues de Souza – Bibliotecária – CRB-7/6439

ANTONIO CARLOS SANTOS ROSA

COISAS

DE

MAÇOM

Editora AGE

PORTO ALEGRE, 2025

© Antonio Carlos Santos Rosa, 2025

Capa:
Mirella Schultz

Diagramação:
Giovana Bandeira Grando

Supervisão editorial:
Paulo Flávio Ledur

Editoração eletrônica:
Ledur Serviços Editoriais Ltda.

Reservados todos os direitos de publicação à
EDITORA AGE
editoraage@editoraage.com.br
Rua Valparaíso, 285 – Bairro Jardim Botânico
90690-300 – Porto Alegre, RS, Brasil
Fone: (51) 3223-9385 | Whats: (51) 99151-0311
vendas@editoraage.com.br
www.editoraage.com.br

Impresso no Brasil / Printed in Brazil

PREFÁCIO

Ontem já passou. O hoje está passando. E o amanhã virá ou não.

Disse o poeta: recordar é viver. Feliz daquele que recorda fatos passados de sua existência com a clareza necessária à compreensão de quem tem a oportunidade de ler ou meditar sobre...

O Irmão ROSA, em seu *Coisas de Maçom*, nos instiga a que tenhamos a certeza de estarmos em uma instituição que é símbolo de tudo o que o ser humano pode desejar para se tornar um verdadeiro ser que venera e se dedica a poder tornar-se um verdadeiro seguidor do GRANDE ARQUITETO DO UNIVERSO.

Nos meus quarenta e seis anos como integrante da Maçonaria, em cada dia, pude conhecer Irmãos exemplos de melhor que se espera que uma pessoa possa tornar-se. *Coisas de Maçom* nos leva a crer que possamos confiar, nos momentos mais difíceis que somos levados a atravessar no dia a dia de nossa existência. Fiquei deveras levado a meditar sobre a minha própria existência.

Agradeço ao GADU por ter me propiciado esta oportunidade de expor, pela gentileza que o Irmão ROSA me proporciona, o meu mais profundo agradecimento a esse que é um verdadeiro líder de nossa instituição. Que sempre esteve à disposição de seus Irmãos e confrades, em todas as adversidades por que passaram. Em seu *Coisas de Maçom* nos leva a uma profunda reflexão do sentido de nossa existência e de nossa responsabilidades. Quisera eu ter a competência e sua capacidade para trazer ao conhecimento dos nossos confrades, exemplos tão marcantes em situações tão distintas. Em seu texto cita Irmãos com os quais tive a graça de conviver no dia a dia, em razão dos cargos que me foram confiados.

Talvez, um dia, eu ouse me espelhar no Irmãos Rosa e enveredar pelo caminho que ele perlustrou, e assim continua, no afã de nos propiciar momentos de profunda reflexão referente a nossa responsabilidade enquanto integrantes dessa milenar escola de moral e ética, hoje tão esquecida e deturpada por uma sociedade que só se volta para a satisfação de seus próprios objetivos em "ter", deixando de lado o "ser", se preocupando com a "aparência" e menosprezando a "essência".

Feliz daquele que, aceito em nossa instituição, enverada pelos preceitos sagrados que lhe são transmitidos, tornando-se um exemplo para os seus familiares e para a sociedade com um todo. Mais, que se torne um paradigma de fé, esperança e que exerça a caridade quando necessário. Muito me estimula a seguir o exemplo do Irmão Rosa, pois, em assim agindo, tenho certeza de que o GADU dispensar-me-á um lugar a seu lado.

Fico por demais agradecido pela oportunidade que me é dada de externar o meu pensamento, e, dentro de minha humildade, sem falsa modéstia, creio que a nossa instituição continuará, permanentemente, defendendo os princípios de ética, moral e crença de que as gerações futuras que a integrarem com esse fito estarão contribuindo para uma humanidade sadia e sem preconceitos de qualquer espécie.

Oriente de Porto Alegre, RS, outubro de 2024.

José Wohlgemuth Koelzer Neto
Ex-Grão-Mestre

P.S. – Cargos que tive, por delegação de meus fraternos Irmãos, a honra de ter exercido:

– Venerável Mestre da Loja CIDADE DE PORTO ALEGRE N.º 47;

– 2.º Grande Diácono, Secretário de Relações Exteriores, Grande Orador, Deputado do Grão-Mestre da M.R. Grande Loja Maçônica do Estado do Rio Grande do Sul.

– No Supremo Conselho do REAA da Maçonaria para a República Federativa do Brasil: Presidente dos seguintes Corpos: Excelente Loja de Perfeição General Osório, Sublime Capítulo Rosa-Cruz Lealdade n.º XXIV, Conselho de Cavaleiros Kadosh Marechal Deodoro e Consistório dos Príncipes do Real Segredo Moreira Sampaio IV e atualmente Inspetor Litúrgico da 1.ª Inspetoria Litúrgica do RS.

TRABALHAR É PRECISO!

AGRADECIMENTOS

Aprendi com meus familiares, pais, tios e avós que o ingrato é um doente da alma; por essa razão sempre guardo em minha memória e menciono em minhas orações por aqueles que um dia oportunizaram um gesto de fraternidade a minha pessoa.

Por isso, serei eternamente grato a todos os Sereníssimos Grão-Mestres com quem convivi desde minha iniciação, em 24 de junho de 1980, portanto há 44 anos.

Agradeço, em primeiro lugar, ao Grande Arquiteto do Universo, que abriu as portas desta Instituição Divina para que pudesse conviver, aprender, desenvolver a cultura da Ordem Maçônica em meu coração e, também, por Ele inspirar meu colega de vida universitária Professor Antônio Fernando Cornélio (PhD) a minha iniciação à Loja Luz e Ordem, a quem neste momento sou grato, assim como a todos os seus obreiros, meus irmãos de jornada.

Agradecer ao Sereníssimo Grão-Mestre Pedro Manoel Ramos, por mais de uma década de trabalhos maçônicos, pois iniciei como membro da Grande Comissão de Planejamento e por sua confiança cheguei ao cargo de Deputado do Grão-Mestre e, em decorrência do cargo, assumi o Grão-Mestrado em seu único período de férias com seus familiares.

Sem desdouro aos demais Grãos-Mestres, Pedro Ramos teve uma trajetória de profunda dedicação à

Ordem; entre tantas decisões consagrou a Maçonaria Unida do Rio Grande do Sul, com a união das três potências Grande Loja, GORGS e Grande Oriente do Rio Grande do Sul em cerimônia realizada no Auditório da Assembleia Legislativa, abrigando na ocasião cerca de mil obreiros de todos os orientes e potências do Rio Grande do Sul. Reuniu de forma exitosa, em Porto Alegre, o Grão-Mestre da Grande Loja do Uruguai e o mesmo do Grande Oriente do Rio Grande do Sul (GORGS), com a finalidade de solucionar um conflito havido nos anos quarenta que havia separado as duas potências.

Deu início, também, às gestões para criação da Maçonaria Unida do Mercosul, com anuências das potências gaúchas, do Uruguai e da Argentina.

Realizou e presidiu com sucesso a Assembleia Geral da Confederação da Maçonaria Simbólica do Brasil, CMSB, na Federação das Indústrias do Rio Grande do Sul, com a presença de comitivas de todas as Grandes Lojas do Brasil.

Realizou e presidiu também a Assembleia Geral da Confederação da Maçonaria Interamericana no Hotel Embaixador, em Porto Alegre, com presença maciça de seus Grãos-Mestres e membros de suas administrações, com a discussão de temas de relevada importância institucional.

Minha gratidão se estende a todos os Sereníssimos Grãos-Mestres que sucederam a Pedro Manoel Ramos, de alguns dos quais fiz parte como membro da Administração Auxiliar.

Minha gratidão a todos os obreiros e funcionários de nossa Grande Loja pela atenção recebida nas diversas oportunidades em que necessitei de fraternal apoio para os assuntos de minha Oficina, a Loja Maçônica Luz e Ordem, 9.

Aos Irmãos da Loja Luz e Ordem a minha eterna gratidão pela fraternal convivência de quatro laboriosas e dedicadas décadas de devotado exemplo de estudo e trabalho na Arte Real.

Aos meus familiares: esposa e filhos meus sinceros agradecimentos pelo apoio e compreensão na nobre tarefa de Maçom.

APRESENTAÇÃO

A Iniciação de qualquer profano apresenta sempre um certo grau de curiosidade. O que é a Maçonaria? Qual a sua finalidade? Como ela desenvolve suas atividades? Qual a sua estrutura organizacional? Quem são seus líderes e quais são os seus papéis? Quem são os Maçons?

Essas perguntas fiz, a mim mesmo, ao longo dessas quatro décadas na Sagrada Ordem. E confesso que as respostas foram vindo de forma esclarecedora e constante.

Em primeiro lugar, pela Loja, na liderança do Venerável e de sua administração, posteriormente pelos veneráveis irmãos obreiros em função de suas interações com os aprendizes, companheiros e mestres, construindo de forma didática o conhecimento maçônico e institucional.

Mas, existe uma figura, um líder, denominado com o título de Grão-Mestre, que, mantendo a tradição, é eleito por determinado período pelos seus pares, os mestres. Sua função é equivalente à chefia institucional suprema.

Ele define, em função dos instrumentos jurídicos e doutrinários, sua filosofia e políticas de gestão a partir de seus estatutos, ou seja, Constituição, Regulamento Geral, *Landmarks* e outros princípios.

Como líder, instrui seus obreiros na cultura da Fraternidade e de ideias claras e positivas, orientando-os no desenvolvimento moral e integridade de caráter na Ordem e em sua vida profana.

Neste período de vida maçônica, convivi com muitos deles, todos homens diferenciados pela sua postura maçônica e social, destacando-se pelo seu dinamismo tanto na Ordem quanto na sociedade profana; foram todos dignos da palavra MESTRE, pois dirigiram, orientaram e demonstraram a profundidade de seus conhecimentos maçônicos, a quem sou eternamente grato; são eles:

Luiz Carlos Costa, Pedro Manoel Ramos, José Wohlgemuth Koelzer Neto, Rui Silvio Stragliotto, Gilberto Moreira Mussi, João Otávio Cezar Lessa, Paulo Roberto Pithan Flores, Norton Valadão Panizzi, Tadeu Gomes Xavier e, mais recentemente, João Batista de Carvalho Silveira.

SUMÁRIO

A alegria de ser maçom.......................... 17
Introdução....................................... 21
O Pecuarista..................................... 27
A Fraternidade em Ação.......................... 33
A Sobrinha Turista............................... 35
A Viagem do Mestre Instalado.................... 39
Natal do Mestre Maçom 41
O Dia das Mães na Loja Maçônica................. 43
A Estudante Universitária........................ 47
O Comerciante................................... 49
O Dia do Maçom................................. 53
O Diálogo....................................... 57
Maçonaria, Maçons e Sociedade................... 61
O Doutorando de Medicina....................... 69
O Jovem Acidentado 75
Maçom e seu Vizinho............................ 79
Assembleia Geral 83
O *Permesso*.................................... 85
Os Homens de Preto 87
A dedicação do venerável mestre.................. 91
A Sociedade fraternidade 95
Os Tios Floriano e Edi.......................... 101
A Enchente..................................... 107
Ao Grão-Mestre Pedro Manoel Ramos...............111
Referências..................................... 112

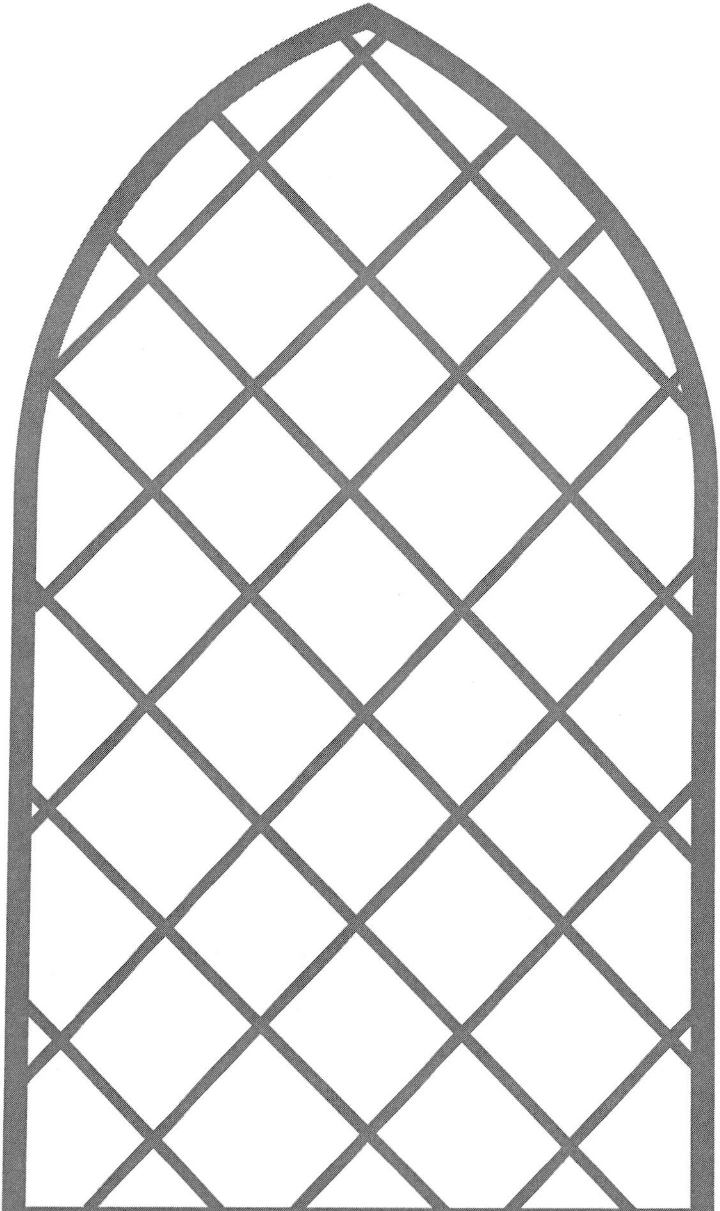

A ALEGRIA DE SER MAÇOM

Minha caminhada na Sagrada Ordem iniciou-se em junho do ano de 1980, em Sessão Magna de Iniciação. Até o momento de minha chegada ao prédio da Grande Loja, não sabia de nada sobre Maçonaria. Meu colega de magistério na Faculdade de Ciências Econômicas da Universidade Federal do Rio Grande do Sul, Prof. Antônio Fernando Cornélio, PhD, hoje no Oriente Eterno, pediu-me gentilmente que fosse fazer uma exposição sobre o Ensino de Administração para um grupo de seletos executivos.

De posse do endereço e de alguns detalhes recomendados pelo meu estimado colega, tais como indumentária completa, uma exigência do Grupo, lá fui eu. Chegando ao local determinado, procurei pelo meu contato e logo, após os cumprimentos formais, pediram-me para virar de costas e colocaram um capuz em minha cabeça, deixando-me entre assustado e pleno de dúvidas na ocasião.

Passei, como todo Maçom passa, pelo ritual de Iniciação entre assustado e curioso. Ao final da cerimônia, reconheci dois irmãos que me entrevistaram na Faculdade, os irmãos Albino Zeca Ferreira de Azevedo e Davi da Cruz Figueredo, sobre os mais diversos assuntos e meu colega Prof. Antônio Cornélio sorridente e feliz. Após o Sessão Magna, fomos para o Ágape Fraternal e sentei-me ao lado de meus dois irmãos gêmeos iniciando ali uma grande e fraterna amizade com um deles, Delmar Edvaldo Schuck, agora no Oriente Eterno. O outro algum tempo depois pediu seu Quite Placet.

A jornada foi, para mim, de muito aprendizado. Em primeiro lugar, pelos trabalhos pesquisados e apresentados nos graus de Aprendiz, Companheiro e Mestre. Também não posso deixar de citar meus irmãos na Loja Luz e Ordem, 9. Mestres Instalados, Mestres, Companheiros e Aprendizes. Foram exemplos de muita fraternidade, demonstrações de conhecimento da Sagrada Ordem e da cidadania maçônica.

Exaltado ao grau de Mestre, por convite de nosso inesquecível Grão-Mestre Pedro Manoel Ramos, iniciei como membro da Grande Comissão de Planejamento; anos mais tarde assumi a Presidência dessa Comissão. Mais adiante, fui convidado para exercer a Segunda Grande Vigilância, depois a Primeira e posteriormente o cargo de Deputado do Grão-Mestre, quando, por confiança dele, assumi, honrado temporariamente o Grão-Mestrado, tendo colaborado ainda como Grande Secretário das Relações Exteriores na última gestão de Pedro Ramos.

Recentemente, na gestão de Paulo Roberto Pithan Flores no Grão-Mestrado da Grande Loja, a quem sou eternamente grato, a seu convite, tive a oportunidade de exercer a nobre função de Presidente da Grande Comissão de Liturgia, junto com um grupo de Veneráveis e Sábios Irmãos.

Toda essa caminhada trouxe a mim ensinamentos de fraternidade e amor ao próximo. Foram muitos e inesquecíveis exemplos de solidariedade. Na década de oitenta, minha Loja festejou o Dia do Maçom com um belo e saboroso galeto assado e servido por nossos irmãos e cunhadas, aos abrigados do Asilo Padre Cacique, onde mais de uma centena de vovozinhos foram brindados com um lauto almoço e uma bela sobremesa, com a participação de um conjunto musical.

A alegria de ser Maçom se manifesta nas diversas oportunidades em que demonstrarmos nossos gestos de fraternidade aos irmãos e àquelas instituições que batem à nossa porta na busca de apoio.

Cada encontro com meus irmãos, fosse na condição de Obreiro de minha Oficina ou como executivo da Grande Administração, era momento de enorme satisfação pelo sentimento de amor fraterno entre todos.

Certa vez, jantando com meus familiares, citei que meu dia predileto era sexta-feira, dia da semana em que nasci, todavia minha esposa interveio na hora e disse: "Teu melhor dia é na terça-feira" – dia de reunião de minha loja.

Além de Pedro Ramos, tive a oportunidade de conviver e colaborar com outros Sereníssimos Irmãos, aos quais serei eternamente agradecido, pelos exemplos e ensinamentos recebidos nas mais diversas oportunidades.

A Ordem Maçônica é minha grande motivação de vida; sou um octogenário e nas reuniões de minha Loja sinto-me jovem e extremamente feliz, porque a palavra **Fraternidade** é nosso maior símbolo. Na Ordem não me sinto só ou mesmo abandonado; sempre há por parte de meus irmãos um gesto de amor telefonando ou mesmo usando o WhatsApp para ter notícias de minha saúde e mesmo de meus dias.

Ser Maçom é viver em um paraíso junto com meus irmãos. É ser fraterno, atencioso e amigo. É colaborar com dedicação e zelo, e sempre estar pronto quando convocado pela Ordem ou por segmentos da sociedade. É viver para servir aos semelhantes; é contribuir antes de criticar. É ter a consciência de que todos somos filhos do Grande Arquiteto do Universo, portanto amar sempre o próximo como a nós mesmos.

Cada terça-feira ou outro dia da semana que seja, eu, convocado para alguma tarefa, renovo minha alma e sinto-me extremamente feliz, pela oportunidade a mim concedida.

Minha primeira gratidão é ao Grande Arquiteto do Universo pela concessão desta oportunidade. Agradeço aos meus Veneráveis Irmãos da Loja Luz e Ordem, 9, agradeço muito aos Grãos-Mestres com que convivi nestas quatro décadas de Ordem, em especial a Pedro Manoel Ramos, meu particular amigo e orientador dos assuntos da Sagrada Ordem e, finalmente, aos Veneráveis Irmãos e funcionários da Grande Administração pela cortesia com que sempre fui fraternalmente tratado. E não poderia ser diferente, pois é **Coisa de Maçom**.

INTRODUÇÃO

📖 A MAÇONARIA

A Maçonaria, representada por suas Potências, é uma Instituição Universal e, como tal, tem seus Estatutos e Regulamentos orientados por rígidos regramentos e postulados, a partir da tradição de seus usos e costumes e, da legislação vigente no País de sua sede. É definida como:

> "Um Sistema Moral, velado por alegorias e ilustrado por símbolos". É, pois, um sistema e uma escola, não só de moral, mas também como filosofia social e espiritual, revelada por alegorias e ensinadas por símbolos, guiando seus adeptos à prática e ao aperfeiçoamento dos mais elevados deveres de cidadão.
>
> Uma associação íntima de homens escolhidos e selecionados da sociedade. A Ordem cuja doutrina tem por base o Grande Arquiteto do Universo, que é Deus; como regra, a Lei Natural; por causa, a Verdade, a Liberdade e a Luz Moral; por princípio, a Igualdade, a Fraternidade e a Caridade; por frutos, a Virtude, a Sociabilidade e o Progresso, por fim a Felicidade dos Povos que ela procura incessantemente reunir sob sua bandeira de paz.

📖 O MAÇOM

O Maçom se constitui no elo consagrado que tem a responsabilidade de representar, por sua conduta e imagem, a Ordem Maçônica em sua relação com a sociedade. É através do Maçom que a Filosofia Maçônica e as suas ações são desenvolvidas pela instituição, tanto interna quanto externamente.

Segundo Rizzardo da Camino, em *Dicionário Maçônico:*

> O Maçom é o idealista que busca o próprio aperfeiçoamento, ou seja, burilar de tal forma a "pedra" que ele representa para torná-la apta a participar da construção do Templo; não de um edifício arquitetônico de alvenaria, mas do recinto dentro de si próprio, onde possa estar em comunhão com o Criador e seus Irmãos.

📖 A CAMINHADA

O Aprendiz Maçom

A caminhada do Maçom se inicia no Grau de Aprendiz, passagem pelo primeiro grau de um Rito, quando é conduzido pelo processo de aprendizagem ao conhecimento dos postulados maçônicos, através do alicerce da Filosofia Simbólica, Culturas e Valores basilares da Ordem, para, renascido do mundo profano, desbastar sua pedra bruta e desvencilhar-se das paixões humanas para participar da construção social e moral do contexto em que vive e em decorrência, da humanidade.

📖 O COMPANHEIRO MAÇOM

Segundo degrau da jornada maçônica, o Companheiro Maçom tem como objetivo simbólico polir a pedra bruta na busca da perfeição, desenvolvendo, segundo Joaquim Gervásio de Figueiredo, em *Dicionário de Maçonaria*, suas faculdades intelectuais, artísticas e psíquicas que o aproximarão mais do Grande Arquiteto do Universo. Em consequência, haverá o crescimento da inteligência na busca do sentido moral e simbólico do Grau, gerando as faculdades para pensar, compreender, agir e decidir na direção do processo evolutivo, causa primária do Maçom.

📖 O MESTRE MAÇOM

O Mestre Maçom representa o ápice, a titularidade máxima na caminhada do Simbolismo. Como escola e instituição iniciática, caberá aos mestres a responsabilidade de conduzir e orientar os processo de aprendizagem dos companheiros e aprendizes.

Na condição de cidadão e membro de uma comunidade, deve manifestar sempre, por seu comportamento e atitudes, os pilares filosóficos que são a base do Templo Institucional Maçônico, integrando-se sempre aos esforços para a construção de uma sociedade mais justa e fraterna.

Sua caminhada na Arte Real vem desde o Grau de Aprendiz quando inicia a lapidar sua pedra bruta e dá os primeiros passos no conhecimento de nosso símbolos e, posteriormente, no de Companheiro, onde complementa seu processo de contínua aprendizagem.

No Grau de Mestre, exercita de forma gradativa, em companhia dos demais obreiros de sua Oficina, os desafios que se constituem no conhecimento litúrgico e no crescimento moral e intelectual para a tarefa da construção social.

📖 O VENERÁVEL MESTRE

Para dinamizar suas atividades, as Lojas, como qualquer organização formal, exigem a presença de dirigentes, obreiros com a responsabilidade de integrar indivíduos na busca de objetivos previamente estabelecidos. As Lojas são dirigidas por um Venerável Mestre, em consonância com a legislação administrativa de cada Potência, cujas atribuições são explicitamente definidas pelos regulamentos gerais, e outros estatutos de seu respectivo corpo ou autoridade jurisdicional, consoantes Constituições e Ritos que os regem (Joaquim Figueiredo).

O Venerável Mestre é um Mestre Maçom que por seu comportamento, atitudes e conhecimento maçônicos foi escolhido por seus irmãos Mestres, para liderá-los no Trono do Rei Salomão, dirigindo a Loja por determinado período, previamente estabelecido.

Walter Pacheco Jr., em *Cadernos de Estudos Maçônicos*, afirma: "O Venerável Mestre é uma figura que assume destaque e proporções especiais. As suas atribuições se definem em dois planos: o Administrativo e o Esotérico. No plano administrativo, o Venerável é o presidente da sociedade civil, que é a Loja, é seu administrador-geral e o seu representante junto a Potência ou Obediência a que a Loja se subordina."

Walnyr Goulart Jacques, em sua obra *Uma Loja Simbólica*, comenta: "Bastante difícil e complexa é a nobre missão do Venerável Mestre, porque as virtudes que elevam o ser humano devem ser muito bem exercitadas. A moral que é a parte da Filosofia que trata dos costumes, dos usos, do modo de proceder dos homens nas relações com seus semelhantes, deve ser o freio salutar para a consecução dessas finalidades."

"O Venerável Mestre, ao ser investido na função e receber o honroso título de Guia da Fraternidade, assume o comprometimento de transformar-se em harmonizador, unificador de ideias, adaptando-se para bem exercer a nobre missão de governar com total isenção, nunca em nome próprio, não com a vontade própria, não com a força que o cargo assegura, mas com a exclusiva e única decisão da razão, da justiça e da consciência, pois que o que deve ser levado em consideração é que tudo será realizado em benefício da Loja."

📖 O GRÃO-MESTRE

Sereníssimo é a palavra que descreve a soberania e liderança da maior autoridade de uma Potência Maçônica, devidamente instituída. É sob sua égide que as

Lojas, em seus aspectos litúrgicos e filosóficos, desenvolvem suas atividades maçônicas. Seu perfil inclui a caminhada desde Aprendiz até Mestre e, posteriormente, Mestre Instalado. Mais do que um Guia da Fraternidade, é uma referência moral e social. Sua responsabilidade se estende nas relações e interfaces com outras Potências nacionais e internacionais, construindo laços de fraternidade e cultura, gerando esforços com outras potencias no sentido do fortalecimento da Ordem no Universo maçônico. Em seu plano de ação, a sociedade profana está devidamente incluída nas atividades sociais e políticas das quais fazem parte os obreiros de sua Potência, sobre os quais tem a responsabilidade de apoio e orientação. Sua figura venerada e respeitada serve como exemplo e imagem à toda instituição maçônica. Suas decisões administrativas e litúrgicas envolvem sempre as palavras **sabedoria** e **prudência**, pois por sua elevada posição na Ordem representa a figura do Rei Salomão, como discípulo dedicado do Grande Arquiteto do Universo.

A Maçonaria, como instituição forjadora de homens, busca na sociedade profanos com caráter, moral elevada, valores espirituais e reconhecida vida social, para, através das interações entre conhecimento, rituais e comportamentos, aprendizagem com seus irmãos Mestres, o nascimento de um novo homem, um Maçom justo e perfeito.

O PECUARISTA

Corriam os anos trinta com seus desafios e oportunidades em todas as áreas da economia brasileira. O campo, através da agricultura e da pecuária, apresentava sinais de progresso, apesar de lento. Os grandes produtores, com o inestimável apoio político-governamental, navegavam em águas tranquilas, todavia o pequeno produtor sofria as condições imposta pela força do mercado. Alguns apenas sobreviviam, outros entregavam seus ativos como forma de pagamento de suas dívidas.

Nesse contexto, aconteceu um fato que nos conduziu à titulação desta obra. Grande produtor, em um fim de semana, jogava cartas com um grupo de amigos, com a finalidade de desanuviar a mente e, também, aproveitar a fraterna companhia de companheiros de labuta.

Pelo fim da tarde, uma das serviçais cochicha algo ao nosso amigo, que chamaremos de Salvador Fernandes, proprietário da fazenda e de vasto rebanho bovino. Levantou-se, pediu licença aos amigos, mandou servir um saboroso café com os mais variados quitutes da época e foi atender ao chamado.

Era um vizinho e conhecido, César Coelho, pequeno pecuarista, dono de uma centena de bois e vacas, produtor de leite na localidade.

Salvador abriu um sorriso fraterno, convidou-o para sentar-se na bela varanda e, depois de uma mateada, perguntou:

– Então, meu caro César, a que devo a honra desta visita?

César acomodou-se na cadeira procurando uma melhor posição e, suspirando fundo, falou:

– Senhor Salvador...

Na mesma hora foi cortado por Salvador.

– Por favor, meu caro César, sem formalidades; somos vizinhos e pecuaristas; deixe essas convenções para os políticos, banqueiros e governantes; somos parceiros nesta jornada.

César baixou os olhos, que se umedeceram pelo gesto e pela emoção, e falou:

– Se me permite então, amigo Salvador, vou direto ao ponto. Estou, neste momento, atravessando uma das piores crises de minha vida; minha situação econômica e financeira está me levando às portas da falência. Estou sem capital de giro para aquisição de produtos para a infraestrutura da fazenda, para o alimento do gado, não consigo pagar o veterinário e em poucos dias faltará alimento em meu lar.

César não aguentou e desandou a chorar copiosamente e, quando minimizou, continuou:

– Desculpa, meu amigo, mas a pressão é grande; como sabes, tenho esposa e filhos em idade escolar. Não foi por incompetência, pois sempre tive extremo cuidado com minhas finanças, mas de repente as vendas caíram, alguns clientes não conseguem cumprir seus compromissos nos prazos, e acabou virando uma bola de neve. Estou quase falido.

Salvador levantou-se, serviu mais um mate para César e perguntou sem muitos rodeios:

— Meu amigo, entendi tua situação e sei que não está fácil para ninguém; também sofro com os atrasos de meus clientes, portanto não é novidade. Como posso te atender? O que posso fazer por ti?

César arrumou-se novamente na cadeira e falou sem rodeios:

— Sei que és um dos grandes produtores da região e estás suficientemente capitalizado através de um belo patrimônio construído com o suor de teu rosto.

Parou, fitou os olhos no horizonte, respirou fundo e com coragem disse:

— Vim aqui oferecer as terras e o gado que ainda tenho para pagar minhas dívidas. Conheces meu patrimônio e tenho certeza de que farás uma avaliação justa.

Salvador tomou um gole de chimarrão, enxugou o canto dos olhos, que já lacrimejavam, e emocionado considerou:

— César, qual o valor de tuas dívidas?

— Salvador, devo hoje uns cinquenta contos, mas acredito que meu patrimônio vale um pouco mais.

Salvador levantou-se, foi a uma escrivaninha, pegou um talão de cheques e disse:

— César, tens aqui cem contos de réis.

César não se conteve e jogou-se aos pés de Salvador quase gritando:

– Obrigado, amigo, pode dispor da fazenda e do gado, só peço um tempo para arrumar um outro local para residir com a família.

Salvador levantou-o pelos braços falando:

– Quem disse que quero tua fazenda vivente? Os cem contos são para te recuperares e cresceres economicamente. Quando isso acontecer, acertaremos as contas.

– Quando poderemos ir a um cartório para formalizar esse empréstimo?

– Sei de tua honestidade; não precisamos de cartório. Quando puderes, sabes o caminho.

César, com os olhos marejados e o coração batendo descompassado, abraçou o homem que, a partir daquele momento passou a ter como um Irmão.

Salvador voltou para os amigos e disse:

– Vamos prosseguir nosso joguinho.

Passaram-se cinco anos, e, numa tarde primaveril, César Coelho volta à fazenda de Salvador com um novo ar. Ao seu lado sua esposa e filhos. Salvador, como sempre, acompanhado de seus amigos, recebe-os com fraternal alegria e:

– Então, meu caro César, a que devo a honra desta visita?

– Cerca de cinco anos atrás vim a tua casa com lágrimas nos olhos pela vergonha da situação que vivia. Vim tentar a venda de meus haveres, meu patrimônio, e tu mostraste a grandeza de teu imenso coração, colocando em minhas mãos cem contos de réis, sem avalista ou testemunhas. Confesso que só me dei conta quando comecei a resgatar minhas dívidas e voltar a crescer. Hoje venho emocionado e feliz, trazer-te o valor que me emprestaste e mais os juros que quiseres cobrar. Todas as noites rezo a Deus por ti, por esse gesto maravilhoso que tiveste comigo e que tanto eu como meus familiares, jamais esqueceremos, pois hoje estamos recuperados, e meu patrimônio duplicou.

O ambiente da casa era pura emoção; lágrimas rolavam nos olhos dos presentes. Salvador aproximou-se de César, abraçou-o fortemente e sentenciou:

— Meu amigo e companheiro de jornadas, não fiz mais nada do que minha obrigação ao ajudar empresário do teu tamanho em transitória dificuldade. Já passei por isso e tive amparo de mãos amigas e, graças a elas, superei minhas dificuldades, e hoje desfruto desta bela posição econômica e social.

Parou, respirou fundo e continuou:

— Fica com esses valores; eles não me fazem mais falta. Imponho apenas uma condição: quando alguém bater a tua porta e souberes da lisura e honestidade, atende-o com esses recursos.

Todos ficaram boquiabertos com a firmeza de Salvador, e um dos presentes perguntou a outro amigo mais próximo a Salvador.

— Como pode ele fazer isto: recusar o retorno de cem contos de réis, mais o juro de cinco anos?

O outro tranquilamente respondeu:

— **Coisas de Maçom.**

A FRATERNIDADE EM AÇÃO

Esta história foi relatada por um familiar de um Venerável Mestre de uma das Oficinas de nossa Grande Loja, por ocasião da cerimônia de Pompa Fúnebre realizada em sua homenagem, no trigésimo terceiro dia do seu passamento ao Oriente Eterno.

A referida cerimônia segue um ritual especial no qual estabelece o desenvolvimento metodológico da cerimônia; nessa ocasião, por determinação do Venerável Mestre, pode ser concedida a palavra a um familiar do Irmão homenageado.

Ao ser concedida a palavra pelo Venerável Mestre, que presidia a cerimônia, um familiar, atendendo ao convite e identificando-se, levantou-se e usando a palavra relatou:

– Autoridades Maçônicas, senhoras e senhores que partilham desta marcante cerimônia em que se homenageia a querida figura deste meu familiar que, tanto amo e que continuarei amando através de sua memória. Não pertenço à Sagrada Ordem Maçônica, mas por laços familiares convivi com obreiros desta instituição, e os exemplos que tive marcaram minha vida. Mas, meu desejo, nesta oportunidade, é publicamente agradecer em nome da viúva, vossa cunhada e de todos os nossos familiares, as atenções recebidas desde a comunicação à Loja de seu falecimento. Ao ser constatada a morte deste familiar, ao vosso Venerável Mestre,

por nós familiares aos integrantes da Administração da Loja, a resposta foi rápida e decisiva:
– Não façam mais nada. Todas as ações necessárias serão da responsabilidade de nossa Loja.

E assim, senhoras e senhores, foi feito. Todas as tarefas inerentes às exéquias foram desenvolvidas com profunda demonstração de fraternidade e amor. Nós, os familiares, apenas colaboramos com indicações e informações. A Loja atendeu a tudo que foi necessário, sem nenhum ônus para a família. Relato isso como um preito de eterna gratidão, respeito e admiração por esta instituição, que em sua filosofia encerra essa conduta de fraternidade e amor.

Não sou Maçom ainda, mas um dia, por tudo que vi e vivenciei, tenho certeza que terei a felicidade de pertencer aos vossos quadros. Muito obrigado a todos os trabalhadores desta Oficina que, por muitos anos, teve a feliz participação de meu familiar.

Após as emocionantes palavras do familiar, um profundo e respeitoso silêncio estendeu-se no Templo. Havia por parte de familiares e amigos lágrimas de saudade; havia também, por parte dos Maçons presentes, um forte sentimento de admiração, respeito e fraternidade pelos Obreiros da daquela Oficina.

O exemplo relatado por um familiar, pela forma emocionada, sincera e grata, fortaleceu em todos o espírito da Fraternidade Maçônica, pedestal básico de nossa filosofia, que enfim são **Coisa de Maçom.**

A SOBRINHA TURISTA

Uma jovem e inteligente Sobrinha, que chamaremos de Andréa, decidiu, como fazem muitos jovens, viajar ao Velho Continente. Arrecadou com familiares a quantia que julgava necessária para a esperada excursão.

Iniciou sua viagem por um dos países do Velho Mundo apreciando as belezas e as histórias de cada cidade. Sua jovialidade e inocência não deram sinal de alerta para o convívio com terceiros e desconhecidos. Em determinado país conheceu uma jovem, também brasileira, já residente na localidade onde se encontrava e firmaram amizade, e Andréa passou a confiar em sua nova amiga.

Depois de alguns dias, novas amizades foram adicionadas através de dois rapazes oriundos do continente sul-americano; face ao conhecimento local de seus novos amigos, os passeios turísticos foram incrementados, e os jovens viveram momentos de grande alegria e satisfação.

O projeto corria bem para Andréa, que curtia cada instante de seus dias. Certo dia, porém, sua dileta amiga pregou-lhe um enorme susto quando lhe avisou que um dos rapazes com quem partilhavam as belezas proporcionadas pelos belos passeios era ligado ao tráfego de drogas internacional, e Andréa estava correndo perigo de vida.

Desesperada, nossa Sobrinha ligou para seus pais no Rio Grande do Sul expondo a dramática situação que estava vivendo e pediu a eles ajuda com a maior urgência possível.

Seu pai, nosso Irmão, dirigiu-se à Grande Loja e na presença de nosso Grão-Mestre, angustiado pela situação de nossa Sobrinha, pediu o auxílio em caráter de urgência. O Grão-Mestre, orientado pelos protocolos administrativos de nossa Potência delegou o assunto à Grande Comissão das Relações Exteriores e lembrou aos Irmãos que a integravam a urgência do assunto.

Em caráter contingencial foi estabelecido um plano emergencial com a participação efetiva de cada um dos componentes, cada um com uma tarefa específica. Foram então envolvidas a Embaixada do Brasil naquele País e funcionários, e até alguns familiares. A Grande Loja do País também foi acionada através do Grão-Mestrado e das Relações Exteriores e, também, uma Cunhada que teve no caso relevante papel na salvaguarda de nossa Andréa. Em face da extensão da rede de relacionamentos da organização do tráfico, medidas de segurança foram tomadas pelas instituições citadas, através de um plano de fuga, em data e horário de que apenas nossa Sobrinha era conhecedora. Quarenta e oito horas depois do pedido de auxílio, Andréa embarcava de volta ao Rio Grande do Sul sob a orientação de uma de nossas Cunhadas e da Embaixada no Brasil. Como uma extensão do plano, foi acionada a Grande Loja de São Paulo para sua proteção na ocasião do transbordo da Europa para o Rio Grande.

Como prova da fraterna e sempre presente força de nossa Maçonaria, quando pousou no Aeroporto paulista, um oficial superior da Polícia Militar daquele progressista Estado adentrou no avião, apresentou-se a Andréa, dizendo-lhe, após respeitosa saudação militar:

– Sobrinha Andréa, sou o Coronel Augusto, da Polícia Militar e Mestre Instalado da Grande Loja Maçônica do Estado de São Paulo, e venho dar a devida proteção até o teu voo de destino, e, conforme planejado, levou-a até o terminal; na hora do embarque, entrou na aeronave, dirigiu-se ao comandante, e foi taxativo e claro.

– Comandante, a partir de agora é sua e da tripulação a responsabilidade sobre a segurança desta moça, minha Sobrinha, e ela só deve ser liberada na presença de seus pais por a ocasião do desembarque.

E, com um sorriso paternal e daqueles que cumprem com coração e lealdade a instituição Maçônica, despediu-se; Andréa, emocionada, conseguiu apenas dizer:

– Obrigada, Tio Augusto.

Por ocasião da chegada ao aeroporto e na hora aprazada, o Chefe dos Comissários, em nome do Comandante, entregou pessoalmente Andréa aos seus pais. E, mais uma vez, nossa Sagrada Instituição, através de seus fiéis Obreiros, cumpriu seu Divino dever.

É de justiça agradecer profundamente a nossa Embaixada Brasileira e seus dedicados funcionários; à querida e devotada Cunhada, a quem chamaremos de Maria de Lourdes; à Potência Europeia, que teve papel preponderante no desenvolvimento das ações planejadas; à Grande Loja Maçônica do Estado de São Paulo e da Polícia Militar de São Paulo; e, finalmente, à nossa Grande Loja, através do Grão-Mestre e os dedicados Obreiros da Grande Secretaria das Relações Exteriores, pela agilidade e pelos extraordinários esforços despendidos para a consecução do objetivo de trazer nossa Sobrinha de volta a seus pais.

Em nossos Rituais existe uma citação que é inesquecível a todos nós que atravessamos as fronteiras deste Solo Sagrado:

A Maçonaria é uma Instituição Universal e suas unidades localizam-se em qualquer recanto da Terra, sem nenhuma distinção de qualquer origem.

Ritual do Grau de Aprendiz Maçom:

"*Não saiba vossa mão esquerda o que faz vossa mão direita.*"
Mateus: 6:3

A VIAGEM DO MESTRE INSTALADO

Um Mestre Instalado pertencente ao quadro de Obreiros de uma de nossas Lojas, jurisdicionada à Grande Loja Maçônica do Estado do Rio Grande do Sul, tinha um projeto de vida: visitar a Europa através de seus principais países. Projeto elaborado e logo executado. Partiu para a viagem com os devidos cuidados burocráticos exigidos pela legislação vigente. Não se esqueceu também do Seguro Viagem, para prováveis acontecimentos, tampouco de seu Passaporte Maçônico, devidamente atualizado, cadastrado e assinado pelas autoridades Maçônicas.

Em seu início tudo transcorreu com a maior tranquilidade, de acordo com o planejamento cuidadosamente elaborado. Visitou países onde apreciou a cultura, as belas paisagens, a culinária, a arte e, também, sempre que lhe era permitido, participava dos trabalhos das Lojas, onde era sempre muito bem recebido.

Tudo corria muito bem, dentro do planejado, quando certo dia, após o café da manhã, sentiu algo diferente, como dor no peito e dormência em um dos braços. Acionada a gerência do hotel, foi solicitada a presença de um médico, que, após alguns exames, recomendou sua internação em um dos hospitais da cidade, o que foi feito e que o impediu de participar de uma sessão de uma das Lojas Maçônicas da cidade. A Loja foi comunicada de sua ausência pelo hotel e por um familiar que o acompanhava.

A baixa ao hospital levou a exames e desses foi constatado infarto do miocárdio, com a consequente imediata cirurgia de emergência. A cirurgia foi realizada com o sucesso esperado. Após a cirurgia, veio o período de recuperação, que não foi curto, face aos vários aspectos que envolvem esse processo. Depois desse período, nosso Irmão teve alta e foi tratar das questões relativas aos valores a serem pagos, face aos limites impostos pela seguradora. Ao conversar com o Diretor Administrativo do hospital, nosso Irmão quase teve um novo infarto, pois, para sua surpresa, a conta fora paga pela Grande Loja daquele país.

Surpreso, aliviado e feliz, dirigiu-se à Grande Loja, tendo sido recebido por seu Grão-Mestre. Após os cumprimentos protocolares, perguntou como poderia ressarcir a Grande Loja pelos valores despendidos. A resposta do Grão-Mestre foi clara e taxativa:

– Esqueça, você é nosso Irmão, teve um problema de saúde e o mínimo que poderíamos fazer, fizemos. A conta está paga e desejamos que o querido Irmão, após conviver conosco, o tempo que desejar, retorne a seu país.

Nosso Mestre Instalado ensaiou um pequeno discurso de agradecimento, que foi interrompido pelo Grão-Mestre, dizendo:

– Meu querido Irmão, pertencemos ambos a uma instituição que prega a fraternidade em todos os sentidos; portanto, o pagamento de suas despesas foi **Coisa de Maçom**.

NATAL DO MESTRE MAÇOM

Na véspera do Natal, o Mestre Maçom, em sonho,
Foi pelo Divino Mestre Jesus visitado.
Feliz e em lágrimas, conseguiu apenas dizer, risonho:
Mestre, na minha oficina temos sempre lutado

Para construir templos à virtude e masmorras ao vício.
E procuro com meus irmãos o caminho da fraternidade
Trazendo a luz àqueles que beiram o precipício,
Mostrando sempre o caminho para a eterna felicidade.

Jesus sorriu e disse: o Grande Arquiteto do Universo,
Meu Pai, criou a Ordem para tornar feliz a humanidade e, através de vós, desde a primavera até o inverno,
Em todos os dias, em todas as horas, sempre com intensidade.

Segue na tua obra no rumo da iluminação e angelitude,
Nas oficinas de meu Pai, onde encontraste a palavra perdida,
Junto a seus obreiros fiéis com coragem, fé e atitude,
Sempre operosos, profícuos, unidos e cheios de vida.

Pois só assim haverá o fulgor do progresso e da bonança.

Onde a luz de cada Mestre iluminará a rota devida,
Dos carentes de amor, de fé, mas plenos de esperança.
Na Palavra Divina, na mensagem do Pai, nunca esquecida.

Segue, amado Irmão no desafio a ti confiado,
Mantém a cabeça erguida e o coração pulsante,
Pois toda tua ação simboliza o amor ao teu lado
Tua caminhada servirá de exemplo a todo instante.

És um obreiro de todas as estações e todas as horas.
Continua a cultivar em teu coração a eterna fraternidade
Símbolo maior de nossa instituição que em todos aflora
Lembra-te sempre de meu Pai, que a todos só deseja a felicidade.

O DIA DAS MÃES NA LOJA MAÇÔNICA

Em uma centenária Loja Maçônica, existe em seu Plano Anual de Trabalho uma programação que envolve eventos relacionados à Ordem e às Sociedade; dentre os vários festejos está o Dia das Mães.

O dirigente maior da Loja, chamado Venerável Mestre, designou uma comissão para organizar a homenagem, que seria pública, com a presença das esposas dos maçons, designadas como cunhadas, demais familiares e convidados.

O planejamento, muito bem feito, integrava a data, segundo domingo do mês de maio: às 10 horas da manhã, o ritual para o desenvolvimento da cerimônia, a oratória, pronunciamento formal, a música através do tecladista Irmão Luiz Carlos, com um coral das sobrinhas, as flores, rosas vermelhas, o coquetel contratado, a ser ofertado aos presentes no salão de ágapes, enfim tudo estava organizado, tudo na mais perfeita ordem.

Na data aprazada, o Venerável Mestre e sua Administração abrem os trabalhos e convidam todos a partilharem da cerimônia. O Irmão Ilton, nas funções de Orador da Oficina, desenvolve um emocionante e belo texto, trazendo em seu conteúdo a memória de Maria de Nazaré, a mãe de Jesus, lembrando seu amor ao Mestre amado e comparando com o amor materno recebido por todos nós.

Foi tão tocante que mesmo os mais antigos da Loja derramaram lágrimas, junto com as mães e convidados. Ao finalizar pediu ao Venerável da Loja, Irmão Delmar, permissão para fazer um requerimento verbal ao Grande Arquiteto do Universo; este apenas sorriu e com um aceno de cabeça concordou.

Ilton, ainda de pé, voltou-se para o Trono do Irmão Delmar e pronunciou:

– *Ó **Grande Arquiteto do Universo** a quem reverenciamos em todas as nossas sessões e ações, vós que aos profanos sois conhecido como Deus, Alá e outras denominações. Neste dia em que reverenciamos nossas mães, criaturas de Vosso Reino que, por Vosso amor nos deram a vida, o amor, a educação, a rota em nossa jornada, rogamos, neste momento maravilhoso, à bênção às nossas mãezinhas aqui presentes e pedimos mais: alguns perderam suas mães ao longo de suas vidas e, em seus corações, encontram a dor da ausência da figura inigualável de sua Mãe; por isso, rogamos a ti que permitas que seus olhos sejam balsamizados pelo colírio do Vosso amor e que possam eles ver por alguns momentos essas angelicais figuras.*

Mais emocionantes lágrimas e um profundo e respeitoso silêncio, quebrado apenas pelo teclado de Luiz Carlos e o Coral das Sobrinhas, que entoaram a clássica música em homenagens às mães:

– *Mamãe, mamãe, mamãe/tu és a razão de meus sonhos/tu és feita de amor e esperança/ ai ai ai ma-*

mãe/ eu cresci o caminho perdi/volto a ti e me sinto criança/mamãe, mamãe, mamãe/ eu me lembro o chinelo na mão e o avental todo sujo de ovo/seu pudesse eu queria outra vez mamãe/ começar tudo, tudo de novo.

Em instantes todos os presentes estavam entoando esse maravilhoso hino em homenagens às angelicais figuras maternas. O hino foi repetido várias vezes e quando as vozes pararam, ouviu-se uma bela e suave música, que penetrou nos ouvidos de todos os presentes. Primeiro a surpresa porque o tecladista estava em pé e ao lado de seu instrumento e não havia caixa de som.

Subitamente todos ouviram uma voz forte e suave ao mesmo tempo que sentenciou:

– *Requerimento deferido, meu filho Ilton.*

Estrelas brilhantes começaram a surgir no seio da Loja; depois o fenômeno inesquecível: as estrelas eram as mães já falecidas, que, materializadas, foram abraçar-se aos seus amados filhos, filhas, noras, netos, sobrinhos e familiares. O Templo estava em êxtase. Era uma alegria única, risos, lágrimas, abraços e depois de momentos elas com belos sorrisos retiram-se.

A voz novamente pronunciou-se:

– *Para o bem de todos, esqueçamos este momento de alegria e muito amor.*

Novo silêncio, e Delmar, seguindo o ritual, dá por encerrada a reunião e convida todos ao Ágape. Não houve o menor comentário sobre o fenômeno acontecido; a lembrança de todos era uma bela e maravilhosa reunião.

Cícero, Mestre Maçom e trabalhador e médium da Doutrina Espírita, meditando, refletiu:

– *Algo diferente aconteceu hoje aqui. Coisas de Maçom.*

A ESTUDANTE UNIVERSITÁRIA

Uma Sobrinha, vamos chamá-la de Clarice, foi aprovada no Vestibular de Medicina de uma Faculdade localizada na área do Mercosul e tinha apenas poucos dias para matricular-se. Uma das exigências da Universidade local era uma comprovada declaração de residência na cidade.

Seu pai, nosso Irmão Inácio, procurou a Grande Loja e, através de contato direto com o Grão-Mestre, apelou para a difícil situação que sua filha enfrentava por não ter na ocasião conhecimento e tampouco relacionamento algum na referida cidade.

O Grão-Mestre, inteirado dos fatos e cônscio da urgência, convocou o Secretário das Relações Exteriores e deu-lhe a missão de resolver da forma mais rápida possível o problema de nossa Sobrinha Clarice.

Informando-se de todas as variáveis que envolviam o problema e com a colaboração inestimável da equipe administrativa da Secretaria, dirigiu-se o Secretário, em nome da Grande Loja, à Grande Loja do país vizinho com o fim de expor o caso e sua premência.

Estabelecendo contatos telefônicos com o Grão-Mestre da Potência amiga, obtendo a promessa de todo apoio, e este, como procedimento protocolar também, determinou que seu Secretário das Relações Exteriores assumisse a solução do problema.

Em contato com o Secretário de nossa Grande Loja, comprometeu-se a agilizar de forma profícua o problema.

É importante ser esclarecido que, em razão de nossos usos e costumes, quando uma missão é dada, individual ou institucional, o dever de quem a recebe é concluí-la.

Em menos de uma semana, o Grande Secretário das Relações Exteriores foi procurado por nosso Irmão Inácio, que, emocionado, relatou ter recebido de sua filha a informação de ter sido procurada pela Loja Maçônica da cidade e, junto com alguns Irmãos e Cunhadas, ter analisado alguns imóveis para residir.

Escolhido um deles, a Loja local assumiu como fiadora formal e com a colaboração de seus obreiros mobiliaram o apartamento e assumiram, a partir daquela data, a tutela de nossa Sobrinha, para a alegria e felicidade de seus familiares e obreiros da Oficina de nosso Irmão Inácio.

Nossa Grande Loja enviou ao Grã-Mestre da Potência amiga ofício expressando a gratidão pelas atenções recebidas de forma rápida e fraterna.

Nossos rituais postulam que a Ordem Maçônica é uma instituição que tem por finalidade tornar feliz a Humanidade. É universal e suas oficinas espalham-se por todos os recantos da Terra, sem preocupação de fronteiras e de raças.

Atender ***às demandas dos obreiros em suas necessidades é regra de ouro em nossa Ordem***, desde que elas atendam aos princípios fundamentais da moral e da razão. São **coisas de Maçom**.

O COMERCIANTE

Este evento ocorreu em uma das mais antigas Lojas de nossa jurisdição na década de cinquenta. Um Mestre Maçom da Oficina era proprietário de uma casa de comércio de tecidos na zona central de Porto Alegre. Os negócios se desenvolviam de forma progressiva e próspera. O estabelecimento granjeava de seus clientes admiração, respeito e fidelidade pelo atendimento e pela qualidade de seus produtos.

Certo dia, de forma inesperada, ocorreu um grande incêndio em suas instalações e foram perdidas todas as mercadorias. O fogo arrasou com a empresa. Nada foi salvo.

Depois do choque, a realidade. Nosso Irmão teve que começar de novo. Porém, apesar de o estabelecimento estar segurado, a tramitação do processo, tanto na seguradora quanto nos órgãos governamentais, com laudos, certidões e outras exigências, levaria, ainda, algum tempo.

Entristecido e desesperançado pelas despesas de curto prazo, nosso Irmão foi a sua Loja e na oportunidade relatou aos demais o acontecido. Ao final dos trabalhos, muitos abraços solidários e muitas ofertas, mas nada concreto. Comunicou que, face a sua situação, pedia uma licença temporária para atender às demandas do acontecido e porque não tinha recursos para cumprir com seus compromissos na Loja. O pedido foi aceito e nosso Irmão, mesmo entristecido pelo evento, voltou ao seu lar feliz pelo fraternal conforto recebido de todos os seus Irmãos.

Ao final do mês do acontecido, batem à porta da residência do nosso Irmão e ao atender nossa Cunhada recebe um envelope lacrado de uma pessoa que ela pessoalmente não conhecia, com as seguintes palavras:

– Esta é a casa do Irmão Eduardo?
– Sim. Eu sou a esposa dele.
– Por favor, Cunhada, queira entregar este envelope ao nosso Irmão.

Sem mais delongas, retirou-se de forma discreta.

À tardinha, quando voltava de suas atividades para recuperação de seu negócio, ouviu da esposa:

– Olha, um cavalheiro desconhecido deixou este envelope para ti.

Nosso Irmão abriu o envelope e nele encontrou substancioso volume de dinheiro que garantiria um mês de suas despesas pessoais e familiares. Seus olhos ficaram marejados de lágrimas, e guardou aquele reforço financeiro tão necessário.

Nos próximos dois meses a mesma visita com mudança dos mensageiros. A Cunhada seguia surpresa com aquela desconhecida rotina.

Ao início do quarto mês nosso Irmão recebeu a notícia de que a Seguradora havia depositado os valores do seguro do prédio sinistrado.

Confirmou no Banco e dirigiu-se direto à Loja para seus trabalhos. Ao final pediu ao Venerável e ao Tesoureiro uma conversa em particular.

Atendido na sala do Venerável, nosso Irmão falou:

— Meus Irmãos, estou aqui para agradecer o gesto fraterno que nunca esquecerei, pois no momento de dificuldades a Loja esteve ao meu lado levando durante três meses os valores que agora, agradecido, devolvo através deste cheque.

— Meu Venerável Irmão, não estou sabendo de doação alguma de nossa Loja, ponderou o Venerável Mestre.

— Mas, Venerável, eu recebi durante três meses um substancial auxílio financeiro, e só poderia ter origem nesta Loja.

— Irmão Tesoureiro, falou o Venerável Mestre, existe em nosso Caixa algum registro de saída de dinheiro para nosso Irmão?

— Não, Venerável Mestre. A Tesouraria não registra nenhuma saída de numerário para nosso Irmão.

— Veja, meu Irmão, falou o Venerável Mestre, a Tesouraria confirma minha afirmação. Não houve saída de valores. Portanto, guarde seu cheque e aplique nos negócios de sua empresa.

Nosso Irmão Eduardo não conseguia falar. Depois vieram as grossas lágrimas, pela emoção gerada pelo gesto de fraternidade de seus Irmãos. Ficou ali sentado por longo tempo, deixando as lágrimas correrem e recebendo o fraternal carinho de seus dois Irmãos.

Recuperado da emoção, levantou-se e disse:

– Venerável Mestre e Irmão Tesoureiro, tendo mais de três décadas em nossa Ordem e tenho a mais absoluta certeza de que esses valores partiram do coração de meus Irmãos, a quem serei eternamente grato. Mas antes de concluirmos esta reunião quero deixar esta importância para ser aplicada nas obras de benemerência desta respeitável Oficina, e é uma decisão que desejo seja respeitada, pois sei que nossa Ordem não é uma instituição de caridade, mas nós, particularmente, temos a responsabilidade de auxiliar os maçons necessitados, órfãos, viúvas e instituições que acolhem idosos de acordo com nossas tradições.

O Venerável Mestre e o Irmão Tesoureiro abraçaram simultaneamente Eduardo Paiva e, lacrimosos, dirigiram-se ao Salão de Ágapes para confraternização com todos os obreiros da Oficina, onde o assunto foi comentado e concluído com: **Coisas de Maçom.**

O DIA DO MAÇOM

Nos idos dos anos oitenta, em uma tradicional e respeitável Loja jurisdicionada a Grande Loja Maçônica do Estado do Rio Grande do Sul, antes do Ágape fraternal, evento obrigatório após a reunião de praxe, discutiam-se as alternativas de ação para os festejos do Dia do Maçom.

O fraterno e acalorado debate já avançara no tempo determinado, e o Irmão Mestre de Banquete educadamente comunicou que o prato escolhido estava pronto e, se houvesse mais demora, a janta esfriaria. Pediram-se mais dez minutos para concluir o tipo, estrutura, local e Coordenador do Evento, antes que as alternativas fossem postas na mesa para discussão, um Mestre, pediu a palavra e, sendo ela concedida, falou:

– Meus Veneráveis Irmãos, sou um dos mais novos Mestres desta Oficina, não me manifestei antes por respeito a todos Vós, porém, face às dificuldades com as propostas até agora apresentadas, quero sugerir a minha, que é: "um saboroso galeto no sábado da semana em que se festeja o Dia do Maçom, em uma instituição que abriga idosos e luta com dificuldades financeiras para qualquer evento". Esse galeto seria realizado por todos os obreiros da Oficina, desde os assadores até aqueles que irão servir os idosos. Eu me ofereço para o contato com a instituição e as devidas compras, qual seja: carvão, galeto, salada, refrigerantes e até sobremesa.

Mal acabara de falar, houve uma salva de palmas, e a proposta foi aprovada por unanimidade. O Venerável da Loja, por ocasião do Ágape, entusiasmado, explicou como seria o Dia do Maçom e pediu a todos a presença no evento, estimulando o comparecimento das Cunhadas, Sobrinhos e Sobrinhas.

Na data aprazada, ao meio da manhã, os obreiros foram chegando e se integrando às tarefas, um grupo foi para a churrasqueira, outro para a cozinha, outro para o salão de refeições, com a finalidade de arrumar os pratos, talheres e copos nos devidos lugares.

Mas eis que de surpresa o pai de um dos Mestres era músico convidou seus amigos para adornarem com essa arte Divina o almoço do Dia do Maçom.

Ao som das belas melodias, valsas, choros, sambas e outras, o salão ficou alegre, e uma energia muito forte abrigou-se na instituição. Todos os obreiros trabalhavam em suas tarefas com um largo sorriso, como se fosse um aniversário de familiar.

Um dos obreiros, que chamaremos de Ari, pediu para os músicos tocarem uma valsa, pois gostaria de homenagear uma vovó, dançando com ela, dirigiu-se a um grupo de idosas e perguntou quem lhe daria a honra da dança. Uma das senhoras, já bem idosa, levantou-se sorrindo e disse:

– Eu, menino Ari.

Surpreso, nosso Irmão, emocionado, falou:

— A vovó me conhece.

— Claro que te conheço. Fui vizinha de tua família e amiga de tua avó, dona Celina.

Nosso Irmão não conteve as lágrimas, apesar de seus cabelos brancos e da idade madura; deixou-as correr porque ali estava uma pessoa que lhe trazia lembranças de seus familiares e de sua infância. Aproximou-se dela e disse:

— Agora estou lembrando: a senhora é a dona Dudu, de Dulce.

— Isso mesmo, meu filho. Sou a Dudu, a quem tu pedias rapadurinha de leite e eu fazia com muito amor.

Naquele momento havia olhos marejados pela bela cena. Ari, ainda emocionado, pegou gentilmente a mão da Vovó Dulce e conduziu-a para a mais bela dança do dia.

Outros Irmãos, ao circularem pelo interior da casa, encontraram pessoas conhecidas, colegas de trabalho, vizinhos, e amigos de seus familiares. Foi algo inesquecível.

Finalmente, na hora do almoço, os assadores entraram com os espetos com apetitosos e rosados galetos, os irmãos da cozinha com saladas e refrigerantes, todos de forma organizada serviam as mesas. Quando os velhinhos já estavam satisfeitos, todos os obreiros e os músicos sentaram-se junto a eles e se deliciaram, também, com aquele maravilhoso almoço seguido de uma bela e saborosa sobremesa prepara por nossas cunhadas e sobrinhas.

Após o almoço e a sobremesa, a instituição ofereceu o tradicional cafezinho, seguindo-se a confraternização entre os obreiros, e os voluntários da instituição e logo após, emocionados e felizes, ouviram um dos decanos da Loja dizer em alto e bom som: ***Foi o mais belo Dia do Maçom de nossa Loja.***

Na semana seguinte, em Loja, na ordem do dia, o Mestre Maçom Coordenador das compras pediu a palavra, para apresentar o relatório das despesas, como forma de prestação de contas,

O Venerável Mestre sorriu e falou firme:

– Meu estimado Irmão, fizeste um maravilhoso trabalho; todos os nossos Irmãos concordam que foi uma das mais belas festas desta Oficina nos festejos do Dia do Maçom; além do mais, és um Mestre desta Loja e tens a confiança de todos nós; não há necessidade de relatórios.

Surpreso, nosso Coordenador ia argumentar, quando o Venerável Mestre asseverou: **Coisa de Maçom.**

O DIÁLOGO

A tarde caía, apesar do verão intenso, havia uma suave brisa, que deixava a todos uma sensação primaveril. Os relógios apontavam para as dezoito horas quando dois homens, bem-vestidos, aparentando serem executivos de alguma empresa, entraram quase simultaneamente em um bar de um movimentado *shopping*. Ambos estavam de terno preto. O primeiro usava uma camisa branca e uma gravata preta com um discreto detalhe em dourado: um esquadro sobre um compasso. O segundo vestia camisa preta com gravata vermelha, berrante e, também, com um discreto detalhe em sua ponta: uma serpente em dourado. Sentaram-se confortavelmente, e com a chegada do atendente, o primeiro pediu um suco de frutas e o segundo, um *chopp* bem gelado e com um dedo de espuma. Para degustar, alguns salgadinhos. Depois das iniciais, o primeiro, que vamos chamar Iram, dirigiu-se ao segundo, que chamaremos de Jubela e perguntou:

— A que devemos esta reunião?

— Vou direto ao assunto, ponderou Jubela. Vim aqui em nome do meu chefe para dizer que o País já é quase nosso, e viemos propor a rendição e os termos.

— Desde quando o País está nas mãos de vocês?

— Vocês não leem os noticiosos. A corrupção grassa em todos os poderes, o povo perdeu a confiança, não acredita mais nas autoridades; apenas alguns ainda são confiáveis. O resto...

Iram fixou seus olhos firmes e seguros nos olhos de Jubela e falou:

— Meu caro, há um grave erro de avaliação em sua proposta. O país passa realmente por dificuldades, como já passaram outros países, em outras eras. Mas são dificuldades próprias de quem está caminhando na direção do progresso econômico, social, educacional e até espiritual.

— Acreditas realmente nisso?, perguntou Jubela.

— Com toda energia de minha alma. Que há corrupção em todos os níveis, desvio de condutas, explorações em todos os sentidos, lideranças negativas, desregramentos e quedas nos padrões morais, até concordo, mas, como já falei, faz parte do progresso, e os que praticam são apenas uma minoria.

— Mas, representativa, atalhou Jubela.

— Até pode, respondeu Iram. Mas não significa que vamos jogar a toalha. Para tua informação, nosso sistema de acompanhamento está a par de tudo e conhece o futuro deste País. Hoje, essa minoria está no poder, mas não te esqueças que todo poder é transitório. Estamos preparando uma grande massa de corações dignos que aos poucos irão substituir os atuais.

— Teus argumentos são os mesmos desde séculos. Já temos nos enfrentado várias vezes, respondeu Jubela.

— É, mas perdem sempre, falou Iram com um sorriso.

— Nem sempre, meu caro; agora estamos ganhando, e nosso plano é incrementar o processo, trazendo ao nosso convívio os dúbios e os inseguros. Em tua percepção, estás olhando apenas teu lado. Existe um poderoso exército de pessoas bem formadas e bem assistidas pelo Pai. Ele nunca abandonou nem abandonará ninguém; a todos Ele ama com a mesma intensidade mesmo os que no momento estão no caminho errado e um dia terão que voltar. Não te esqueças: a Lei é a do amor. Tu mesmo um dia voltarás.

Jubela ficou sério, seus olhos não eram os mesmos; sua aparência não era mais arrogante, mas, mesmo assim, falou:

— Olha, o importante é que agora estamos na frente e vamos continuar nossa guerra. As estratégias estão aprovadas, as equipes preparadas e vamos investir pesado no homem. Vamos estimular a descrença, o tumulto, a rapinagem, vamos reforçar nossos quadros de formadores na área da corrupção, vamos, ainda, apoiar com toda a intensidade o crime organizado, vamos com tudo.

— Não estás dizendo nenhuma novidade. Já sabíamos. Estamos passando esta experiência por vários países. Estamos na luta e reforçando o coração de cada um dos filhos do Grande Arquiteto do Universo. Temos a certeza de que a transformação virá firme e consciente. Essa estratégia nos levará à vitória. Não te esqueças de que este País é o coração do mundo e a Pátria do Evangelho.

Jubela, com olhar circunspecto e, preparando-se para sair, perguntou:
– Como vai a Ordem?
– Com mais altos do que baixos, respondeu Iram, sorrindo.
E da forma discreta como chegaram, se retiraram.

MAÇONARIA, MAÇONS E SOCIEDADE

Este trabalho tem a finalidade de discutir as relações da Instituição Maçônica e seus obreiros com a sociedade em que vivemos.

📖 A MAÇONARIA

A Maçonaria, representada por suas Potências, é uma instituição universal e como tal tem seus estatutos e regulamentos orientados por rígidos regramentos postulados a partir de seus usos e costumes e da legislação vigente no País de sua sede.
É definida como:

> Um sistema moral velado por alegorias e ilustrado por símbolos.
>
> Uma associação íntima de homens escolhidos cuja doutrina tem por base o Grande Arquiteto do Universo, que é Deus, como regra a Lei Natural, por causa a Verdade, a Liberdade e a Luz Moral, por princípio a Igualdade, a Fraternidade e a Caridade, por frutos, a Virtude, a Sociabilidade e o Progresso, por fim a Felicidade dos Povos que ela procura incessantemente reunir sob sua bandeira de paz. A Maçonaria existe e existirá sempre onde houver o gênero humano.

Seu objetivo maior é a busca gradativa e constante por uma sociedade integrada, justa e feliz.

Em seus rituais, principalmente no Ritual de Aprendiz, por ocasião da abertura dos trabalhos de uma Loja, em resposta à pergunta do Venerável Mestre sobre o que é a Maçonaria, responde o Chanceler:

> É uma instituição que tem por objetivo tornar feliz a Humanidade, pelo amor, pelo aperfeiçoamento dos costumes, pela tolerância, pela igualdade e pelo respeito à autoridade e à religião. É Universal, e suas Oficinas espalham-se por todos os recantos da Terra, sem preocupação de fronteiras e de raças.

A constituição de Anderson, em seus regulamentos gerais de 1721, exorta em seus conteúdos, entre outros itens:

> A prática moral, a prática da religião, almeja em seus quadros a presença de homens probos, honrados e leais, recomenda o incremento dos relacionamentos fraternais, que sejam pacíficos e respeitem as leis de seu País e que mantenham sempre uma conduta digna.

As definições acima mencionadas, encontradas em nossos estatutos gerais, que, alicerçados pela tradição dos usos e costumes, construíram uma série de regramentos, prescrições e orientações que fundamentam, desde então a existência da Ordem.

A Maçonaria é, na Terra, a única instituição capaz de levar o homem ao domínio da paz, da ordem e da felicidade.

📖 O MAÇOM

O Maçom constitui-se no elo consagrado que tem a responsabilidade de representar, por sua conduta e imagem, a Ordem Maçônica em sua relação com a sociedade. É através de seus obreiros que a Filosofia Maçônica e as suas ações são desenvolvidas pela instituição, tanto interna quanto externamente.

Segundo Rizzardo da Camino, em *Dicionário Maçônico*:

> O Maçom é o idealista que busca o próprio aperfeiçoamento, ou seja, burilar de tal forma a *pedra* que ele representa para torná-la apta a participar da construção do Templo; não de um edifício arquitetônico de alvenaria, mas do recinto dentro de si próprio, onde possa estar em comunhão com o Criador e seus Irmãos.

O Mestre Maçom, na condição de cidadão e membro de uma comunidade, deve respeitar sempre, por seu comportamento e atitudes, os pilares filosóficos que são a base do Templo Institucional da Maçonaria, integrando-se sempre aos esforços para a construção de uma sociedade mais justa e fraterna.

Sua caminhada na Arte Real, desde o Grau de Aprendiz, quando inicia a lapidar sua pedra bruta e dá os primeiros passos no conhecimento de nossos símbolos e, posteriormente, no de Companheiro, onde complementa seu processo de aprendizagem e, segundo Luiz Fachin na obra *Virtude e Verdade* para **o desenvolvimento de suas faculdades intelectuais, artísticas e psíquicas que o aproximarão mais de Deus.**

No Grau de Mestre, exercita de forma gradativa, em companhia dos demais obreiros de sua Oficina, os desafios que se constituem no conhecimento litúrgico e no crescimento moral e intelectual para a tarefa da construção social.

Peter Drucker destaca a relevância do conhecimento em todos os processos organizacionais:

> O conhecimento não é impessoal, como o dinheiro. Não reside em um livro, um banco de dados, um programa de *software*; estes contêm apenas informações. O conhecimento está sempre incorporado em uma pessoa; é levado com ela; criado, aumentado ou aprimorado por uma pessoa; aplicado, ensinado e transmitido; usado ou mal empregado por uma pessoa. Portanto, a mudança para a sociedade alicerçada no conhecimento coloca a pessoa no centro.
>
> Peter Drucker

Como protagonista desse processo, deverá desempenhar o relevante papel na interligação dos objetivos propostos pela gestão de sua Loja, integrados àqueles de sua Potência, sendo assim coadjuvante para o alcance das finalidades da Ordem que é contribuir para a paz, para a igualdade e para a justiça social.

📖 A SOCIEDADE E OS CENÁRIOS

A sociedade na qual a instituição maçônica está inserida, tanto em nível local, quanto em nível global, apresenta características dinâmicas e multifaciais, tornando difícil a exposição e identificação de problemas e necessidades imediatas e de longo prazo; todavia, a ciência da Administração através de seus estudiosos e investigadores, propôs o uso de um instrumento assessório, designado por cenário. A seguir apresentamos algumas definições do termo *cenário* do ponto de vista administrativo.

> Cenário é uma projeção das condições ambientais internas e externas, presentes e futuras.
> Paul Strebel, em *Breakpoints*

O objetivo de se criar cenários não é escolher um mais provável e seguir com estratégias neste rumo; o objetivo é ajudar a tomar decisões que sejam plausíveis para todos os cenários. Porque na realidade todos os cenários se confundem e se rearranjam de formas inesperadas. O planejamento por cenários ajuda a fazer escolhas hoje com certa compreensão do que pode acontecer com elas no futuro. Cenários são projeções, em forma de modelos, das condições ambientais externas e internas presentes e futuras de uma organização.

Peter Schwartz, em *A Arte da Previsão*

Com o domínio do conhecimento para a identificação das prováveis carências internas e sociais, através do estudo dos cenários e das metodologias disponibilizadas nos processos de gestão, abre-se um caminho mais asfaltado para a elaboração de um planejamento institucional, com o escopo de conduzir os destinos da cada Oficina, considerando os objetivos prioritários e por consequência os recursos humanos, físicos, financeiros, materiais e da tecnologia da informação. A função precípua desse planejamento será aquela preconizada por nossos regramentos postulados em nossas constituições, leis e usos e costumes, qual seja: tornar feliz a humanidade.

Necessário se faz lembrar a missão de uma instituição na busca de seus objetivos primordiais. O Prof. Igor Ansoff, em sua obra *Estratégia Empresarial*, define:

> A missão de uma organização significa a razão de sua existência. É a satisfação de uma necessidade existente no mercado. É a finalidade para a qual ela foi criada e para que deva servir.

Conhecer e estruturar a missão significa manter o foco na direção do rumo institucional, forjado ao longo de sua trajetória, que, por sua vez, atenderá clara e objetivamente as demandas geradas pelo contexto social e a consequente busca da contínua qualificação de seu corpo funcional, bem como de todos os recursos necessários para a consecução de seus objetivos fundamentais e prioritários.

A Ordem Maçônica foi forjada, ao longo do tempo, para ser um ***instituto, uma escola*** formadora de homens sábios e virtuosos, de elevada moral e caráter diferenciados, em sua concepção pessoal, com precípua finalidade de propugnar a sociedade humana, de forma gradativa, mas permanente, um contexto de paz, harmonia, fraternidade e progresso.

O DOUTORANDO DE MEDICINA

Luis Augusto Oliveira é mais uma bela história das fraternas ações de nossa instituição. Nosso personagem era filho de Carlos Alberto de Oliveira e Luiza Macedo Silveira; o pai era médico intervencionista com larga experiência e intensa atividade profissional em vários hospitais da cidade. A mãe era cirurgiã-dentista com um belo consultório e seleta clientela, mas com atividades reduzidas que lhe deixavam um bom tempo a mais para cuidar da família, que tinha, além de Luis Augusto, um casal de filhos, já em fase de conclusão do Segundo Grau.

Luis Augusto, por orientação de seu pai, estava cursando o Doutorado em Medicina em uma Universidade da França, tendo como orientador o Professor Roger Damin, amigo e colega do Dr. Carlos Alberto nos tempos de Universidade, quando ambos cursavam seus pós-doutorados.

O curso exigia muito de Luis Augusto: aulas, pesquisas, leituras e todas as demais atividades acadêmicas exigidas de uma Universidade do nível em que se matriculara. Apesar da azáfama e das tensões trazidas na busca de um desempenho diferenciado, nosso acadêmico era muito feliz, pelos colegas de profissão e pelos professores da Academia, muitos conhecidos do Dr. Carlos Alberto.

Certo dia, ao entardecer, quando saboreava um agradável lanche com seus colegas em uma das poucas horas de folga que tinha, recebeu da Secretaria da Faculdade um recado para ligar com urgência para seus familiares no Brasil. Preocupado, dirigiu-se à Secretaria e os funcionários, extremamente gentis, permitiram que fizesse o contato via telefone.

De repente, após alguns segundos, Luis Augusto ficou lívido e sentou-se em uma das cadeiras com os olhos marejados de lágrimas. A Secretária da Faculdade levantou-se de sua mesa e, apressada dirigiu-se ao jovem estudante, perguntando o que acontecera? Com a voz embargada pela emoção, Luis Augusto conseguiu balbuciar:

– Meu pai teve um enfarte fulminante e veio e a óbito.

A consternação foi geral; professores, colegas e funcionários acorreram em solidariedade a Luis Augusto. De imediato, o Diretor da Faculdade providenciou as passagens no primeiro avião para o Brasil e determinou, face ao estado emocional de nosso personagem, fosse colocado na primeira classe, o que foi feito. O Professor Roger foi pessoalmente levar Luis Augusto ao aeroporto, tentando consolá-lo pela irreparável perda de seu amigo e pai de seu orientando, lembrando-o de que usasse o tempo que precisasse para resolver seus problemas, que haveria por parte da Universidade a devida consideração.

Chegando ao Brasil para as exéquias, foi surpreendido pelo elevado número de colegas, amigos e clientes de seu amado pai, que vieram expressar suas condolências e dar-lhe o conforto espiritual e fraterno necessário.

Passados alguns dias, Dona Luiza reuniu os filhos e fez, emocionada, um breve e objetivo comentário:
— A morte de Carlos Alberto, além do choque da perda de um amor de quase trinta anos de convivência, nos trouxe um problema econômico e financeiro. Compramos este imóvel recentemente, e a renda para seu sustento vinha praticamente das estafantes tarefas que ele realizava para manter nossa família. Devo em breve retomar meu consultório para incrementar nossa renda e, dirigindo-se a Luis Augusto, deixou claro o impedimento transitório de seus estudos acadêmicos.

Luis Augusto, inconsolado ainda pela morte do pai, disse que entendia e que tão logo fosse possível voltaria a sua Universidade para cancelar momentaneamente sua matrícula.

Alguns dias mais tarde, apresentou-se, como determina a praxe, ao seu Orientador, Prof. Roger, explicando detalhadamente a situação da família e a carência de recursos para continuar seus estudos. O Prof. Roger olhou-o fraternalmente, como a um filho, e disse:
— Não se precipite. Dê-me quinze dias para uma resposta. Vamos ver o que podemos fazer.

Luis Augusto não entendeu, mas, em respeito ao Mestre e amigo de seu pai, resolveu aguardar sem cancelar seus estudos. Vida que segue, e envolveu-se novamente na rotina acadêmica com dedicação e zelo que sempre o caracterizaram.

Certa manhã, antes das atividades do Doutorado, foi chamado à sala do Orientador, sendo convidado por este a sentar-se e ouvir uma notícia. Achou que seria a notícia de seu desligamento, só que o Prof. Roger estava com um ar de felicidade e alegria, e disse para surpresa de Luis Augusto:

– Querido Sobrinho e amigo Luis Augusto, é meu dever te informar que a Grande Loja da Maçonaria deste país te concedeu uma bolsa para tempo integral, a qual irá cobrir todas as tuas despesas escolares e pessoais; não precisarás mais, até o fim do Programa de Doutorado, ter preocupações financeiras. Por outro lado, a Universidade te concederá uma passagem de ida e volta para resolveres teus assuntos familiares no Brasil.

Luis Augusto estava pasmo e abismado. Seus olhos encheram-se de lágrimas e não se conteve: abraçou efusivamente o Prof. Roger e perguntou:

– Como? A troco de quê? Qual a razão?

Após respirar fundo, o Professor respondeu:

– Teu pai era um Mestre Instalado e Membro da Administração da Grande Loja de teu Estado e nosso Grande Representante.

Fez, emocionado, uma pausa e continuou.

– Por várias ocasiões resolveu e intermediou para nossa Grande Loja problemas e auxílios para estudantes franceses no Brasil. Portanto, é mais que obrigação para todos a concessão dessa bolsa. Outra coisa: tua Mãe, Dra. Luiza, já está avisada, pois sabia da obra do nosso Respeitável Irmão Carlos Alberto de Oliveira nas hostes da Maçonaria Internacional.

Luis Augusto sentou-se quase não acreditando no que estava acontecendo e com os olhos fitando algo no horizonte pensou de si para consigo:

– Isto só poderia ser coisa de Maçom.

O JOVEM ACIDENTADO

Certa tarde de verão, nossa Grande Loja, através da Secretaria Administrativa, recebeu um pedido de auxílio. Um Sobrinho, recebeu em suas atividades profissionais em uma fazenda, propriedade de seus familiares, teve um olho atingido por uma farpa de madeira e necessitava de atendimento especializado.

A Grande Loja, através da Secretaria das Relações Exteriores, procurou de imediato as informações necessárias junto aos familiares e Irmãos da Ordem naquela longínqua cidade do interior de nosso Estado.

De posse das informações, foram feitos com o Hospital Especializado, e, através de Irmãos, foram organizadas as necessárias providências para receber o paciente, ainda em viagem.

A Secretaria das Relações Exteriores teve o cuidado de, através de telefones celulares, informar aos familiares a instituição hospitalar a ser procurada em sua chegada em Porto Alegre.

Um dos assessores do Secretário foi designado para pessoalmente receber junto aos profissionais do Hospital nosso Sobrinho e seus familiares.

Como planejado, tudo correu muito bem. Nossos Irmãos da área de Oftalmologia realizaram todos os procedimentos necessários à solução do problema, e nosso Sobrinho recuperou a visão no olho ferido após alguns dias de recuperação no hospital.

Quando da alta do paciente, familiares e amigos dirigiram-se à Direção do hospital e aos médicos para expressarem sua gratidão pela excelência do atendimento recebido naquela instituição. Foram momentos de grande emoção para os familiares e profissionais que atuaram naquele evento.

Antes de regressarem à cidade natal, passaram pela Grande Loja para expressar sua gratidão pelo pronto e eficaz atendimento. Recebidos pelo Grão-Mestre, Deputado do Grão-Mestre e Secretário das Relações Exteriores, agradeceram emocionados as atenções recebidas pelo Sobrinho acidentado. O Grão-Mestre, em sua sabedoria e serenidade, falou aos presentes sobre a missão da Maçonaria e dos Maçons na sociedade e principalmente com seus obreiros, lembrando que todos devem estar sempre alertas e disponíveis para o atendimento das necessidades de seus Irmãos e, por consequência, de seus familiares.

Nosso Irmão Deputado do Grão-Mestre agradeceu também a exemplar atitude da Secretaria das Relações Exteriores e sua Assessoria e, também, da equipe administrativa da Grande Loja. Ao final da reunião sentiram todos o clima de Fraternidade e Harmonia que caracteriza e integra as vibrantes ações da Maçonaria na sociedade.

Após a chegada em seu lar e visitado por obreiros, familiares e amigos, nosso Sobrinho era pura emoção, relatando as atenções e carinhos recebidos do hospital e de seus profissionais, da Comunidade Maçônica na

Grande Loja. Um dos convidados, não familiarizado com as ações da Ordem, perguntou:

– Como pode acontecer tão belo gesto de amor a um semelhante?

Ao que respondeu imediatamente o Venerável da Loja da cidade: **Coisa de Maçom.**

MAÇOM E SEU VIZINHO

Em uma de nossas pujantes oficinas, já com mais de cem anos de história, junto a nossa Sagrada Ordem, dentre seus obreiros, integrava seu quadro nosso Irmão Alcides, Mestre Instalado com um histórico de elevado grau de fraternidade, tanto na Loja como na vida profana.

Era funcionário público federal e ocupava, por sua competência, cargo de grande responsabilidade, além do respeito e carinho de seus colegas de repartição.

Tinha residência em um dos bairros próximos ao centro de Porto Alegre, onde residia com esposa e filhos, a quem dedicava suas horas de folgas após o cumprimento de suas tarefas profissionais.

Ao lado de sua residência morava um amigo de muitos anos, seu Benjamin, que viuvara havia alguns anos, vivendo sozinho, pois seus filhos moravam em outros Estados e seu Beija, como era carinhosamente chamado pela vizinhança, não abria mão de sua casinha, adquirida ao longo dos anos, com muito sacrifício. Seu Beija era também servidor público federal, só que trabalhava em outra repartição.

Alcides e Benjamin eram amigos de chimarrão ao final de cada dia e nos sábados, domingos e feriados pela manhã, quando conversavam longamente sobre muitos assuntos, inclusive futebol, pois Alcides era torcedor e associado do Internacional e Benjamin, torcedor e associado do Grêmio, clubes da elite do futebol do Rio Grande do Sul e do Brasil.

A convivência entre ambos era de profundo respeito. Aos fins de semana, mais precisamente aos domingos, Alcides convidava seu Beija para saborear um saboroso churrasco e da mesma forma seu Beija levava, por sua vez, em outro domingo um prato de tatu recheado com massa e salada, e quando visitado por seu afilhado Marcelo, com uma bela garrafa de vinho importado e uma deliciosa sobremesa.

Assim corria a vida, em pleno mar de felicidade, até que um dia, pela ausência de Beija no chimarrão, resolveu visitá-lo para descobrir o que poderia estar acontecendo. Primeiro bateu na porta e, na ausência de resposta, foi à porta dos fundos e cautelosamente entrou chamando pelo amigo. Ao chegar ao quarto, levou um grande susto, pois Benjamin estava caído ao lado da cama envolto em sangue. Não perdeu tempo e chamou socorro médico imediatamente.

Após examinado pela equipe médica, seu Beija foi internado em um hospital, face à doença, por mais de uma semana. Quando teve alta, Alcides prontamente o colocou em seu carro e levou-o para casa. Face ao seu estado frágil, sem ter ninguém para auxiliá-lo, Alcides combinou com sua esposa que iria cuidar pessoalmente de Beija, tiraria férias em sua repartição e até o amigo melhorar ficaria na residência dele, cuidando de todos os detalhes médicos e de enfermagem.

Assim se passaram três semanas, até a recuperação de Beija e a providencial chegada de Marcelo para residir com seu padrinho. Curado, restabelecido e de volta à vida normal, seu Beija decidiu homenagear o amigo e sua família, e preparou para o amigo e seus familiares um grande almoço com requintados pratos e o vinho e a sobremesa do Marcelo. Foi um dia de muita alegria pela volta da vida à normalidade. Após o lauto almoço, Benjamin levantou-se, pegou um copo de vinho e falou:

– Alcides, meu Irmão, meu vizinho, meu companheiro e amigo de todas as horas...

As lágrimas começaram a rolar em seus olhos, mas seguiu:

– Recebi de Deus muitas dádivas ao longo de minha vida, minha família, meu trabalho, meus colegas, e outras tantas, mas a que maior gratidão tenho, no momento, é ao meu vizinho e guardião Alcides; cuidaste de mim como um filho, como um irmão; isto, meus caros, eu jamais esquecerei. O que fizeste foi Divino, foste a mão de Deus que me tirou das garras da morte, cuidou de meus dias, alimentou meu corpo e por teu exemplo também o meu espírito, peço a Deus que proteja sempre as tuas horas e os teus dias, para que continues a ser esse lídimo representante de sua Seara.

Havia lágrimas em todos os presentes. Alcides, tocado pelo emoção do momento, apenas conseguiu levantar-se, abraçar o amigo e dizer em lágrimas:

– Fiz o que todo ser humana faria em meu lugar.

Ao sentar-se ouviu a sonora voz de Marcelo dizer entre lágrimas e sorrisos: **COISA DE MAÇOM,** dindo.

ASSEMBLEIA GERAL

Como era de praxe, a Grande Loja realizou sua Assembleia Geral Ordinária, anual, em populosa e fraternal cidade de nosso interior. Mais de duas centenas de irmãos reunidos cumprindo extensa pauta a ser vencida em dois dias de trabalho.

Grupos de trabalho examinavam as teses propostas para apresentarem seus pareceres no Grande Grupo ao final do evento, gerando em algumas ocasiões divergências de conteúdo conceitual sem maiores consequências. Todas as propostas apresentadas e, não foram muitas, foram aprovadas.

Palestras elucidativas desenvolvidas por veneráveis Irmãos com extensa bagagem maçônica e de primorosa fluência verbal.

Passeios, visitas e recepções a pontos turísticos e de compras encantavam as cunhadas e preocupavam a carteira dos Irmãos.

Um ruído aqui, outro acolá, a Assembleia sem maiores dificuldade, tranquilizando o Grão-Mestre e sua Administração.

Ao final da Assembleia reunião de todos para aprovação da ata e do local do próximo evento. Auditório lotado, com presença maciça de todos os veneráveis Irmãos. Como último item do encontro, haveria a necessidade de leitura e aprovação da ata. O Irmão Secretário usou a palavra para comunicar, como de praxe, a nominata dos Irmãos que faleceram no período e, dando uma entonação solene, declarou:

— Sereníssimo Grão-Mestre e Veneráveis Irmãos, passo neste momento a enunciar a nominata dos Veneráveis Irmãos transferidos ao Oriente Eterno.

Após algum silêncio no auditório, ouviu-se a palavra do Irmão Primeiro Grande Vigilante:

— Sereníssimo Grão-Mestre, vos peço a palavra por uma questão de ordem.

O Grão-Mestre, sem entender, respondeu:

— Pois não, meu Irmão. Qual é o problema.

O Primeiro Vigilante responde.

— Gostaria de comunicar ao Irmão Secretário e aos demais presentes que não gostaria de "ser transferido ao Oriente Eterno".

Risadas e sorrisos, porque o termo exato seria "os irmãos que passaram ao Oriente Eterno" (falecidos).

O Irmão Secretário, sem perder o humor, respondeu:

— Irmão Primeiro Grande Vigilante recebido e anotado. Não haverá mais transferências.

Risadas, sorrisos, ata aprovada e Assembleia encerrada em alto nível.

Coisas de Maçom.

O PERMESSO

Em uma tarde primaveril, Alfeu di Francesci, Mestre Instalado de uma de nossas Lojas, procurou a Secretaria das Relações Exteriores com um semblante tenso, demonstrando ansiedade e preocupação. Atendido pessoalmente pelo Secretário, explicou a razão de seu estado nervoso. Sua filha Carina di Francesci participante de um programa de intercâmbio entre Brasil e Itália, em curso de línguas latinas, não havia, por esquecimento, renovado o seu Permesso, documento de permanência regular no país, e por essa razão encontrava-se abrigada na casa de amigos com receio de ser formalmente extraditada.

Seguindo o protocolo de trabalho da Grande Loja, o Secretário, acompanhado de Alfeu, reuniu-se com o Grão-Mestre e discutiram a situação. Na ocasião, o Grão-Mestre lembrou que a Potência Maçônica na Itália é do Grande Oriente, mas que a Grande Loja tinha um acordo com aquela instituição amiga e autorizou na mesma hora o Secretário para as devidas providências.

A primeira dificuldade do Secretário foi a linguagem, pois italiano não era seu forte; todavia, ao falar com a Chefe de Gabinete do Grão-Mestre Italiano, descobriu que ela falava fluentemente o espanhol, fato que facilitou, em muito, o processo de comunicação.

Dona Coseta comprometeu-se a levar o assunto ao Grão-Mestre e responder com brevidade ao Secretário das Relações Exteriores.

Alguns dias mais tarde, a Sra. Coseta, por telefone, explicou que o Grão-Mestre Pedro Fontana havia dado instruções para o pedido a ser formalizado pelo Grão-Mestre de nossa Grande Loja com o detalhamento da solicitação.

Atendendo às orientações, o Ofício foi encaminhado imediatamente ao Grão-Mestre Pedro Fontana, cuja recepção foi confirmada pela Sra. Coseta. Quinze dias após, a Grande Loja da Itália enviou ofício comunicando ter atendido ao pedido de nossa Grande Loja.

Alguns dias depois, nosso Irmão Alfeu, em audiência com o Grão-Mestre e o Secretário das Relações Exteriores, relatou feliz e com os olhos em lágrimas que sua filha Carina recebeu a prorrogação de seu Permesso e ainda, através da Maçonaria Italiana, foi brindada com uma bolsa de estudos para Curso de Pós-Graduação em Universidade daquele País. Sensibilizado, declarou-se eternamente grato à instituição e comunicou que fez constar em balaústre de sua Oficina o fraterno gesto de nossa Grande Loja e da Grande Loja da Itália como uma prova da universalidade da Maçonaria.

OS HOMENS DE PRETO

Em uma pequena cidade do Rio Grande do Sul havia um local onde periodicamente reuniam-se alguns cidadãos vestidos de preto. Inicialmente com alguma desconfiança, depois de alguns anos, sobreveio o respeito e a admiração por suas obras em prol da comunidade.

O tempo correu com a velocidade de um jovem velocista, e a pacata cidade viu-se envolta pelas sombras da corrupção e do crime organizado.

Não se podia mais sair à noite para curtir uma fraterna conversa entre amigos, principalmente entre casais, pois até arrastão da bandidagem passou a acontecer. Alguns estabelecimentos comerciais na área da alimentação fecharam suas portas ou mudaram de Estado. As condições de vida eram críticas.

Certa noite o prédio onde se reuniam os homens de preto foi assaltado e alguns de seus membros feitos reféns. Correrias, desespero, e, graças à ação das forças de segurança, os reféns foram soltos e os marginais presos.

Alguns dias após o acontecido, na residência do mais velho dos homens de preto, aconteceu uma reunião a portas fechadas. Todos os homens da instituição, mesmo os mais velhos foram chamados para participarem da reunião.

O decano do grupo e dono da residência, um próspero comerciante aposentado, dirigindo-se aos demais, falou:

— Meus fraternos irmãos, chegamos ao fundo do poço. Nossa rica e feliz cidade foi tomada pela criminalidade. Corruptos assumiram a política, criminosos audaciosamente fazem tráfico de drogas nas ruas e nas escolas. Precisamos dar um fim nessa situação ou teremos, por consciência, de fechar as portas de nossa Oficina de trabalho que recebemos por graça do Grande Arquiteto do Universo.

Seus olhos estavam marejados de lágrimas.

— Como poderemos vencê-los, venerável Irmão, se já estão enraizados? — Questionou um dos partícipes.

O decano limpou os olhos e os óculos e falou calmo e firme:

— Quando entramos em nossa Ordem, fizemos simbolicamente um juramento de sangue, prometemos a Deus nosso Pai, a quem chamamos de Grande Arquiteto do Universo, diante do Altar dos Juramentos que construiríamos templos à virtude e cavaríamos masmorras ao vício. Será que fizemos isso? Onde estávamos quando tudo começou?

O silêncio foi profundo.

— Nosso compromisso é de tornar feliz a humanidade. A humanidade começa em nosso lar, em nosso trabalho, em nossa cidade. Não podemos ser acomodados; somos os lídimos representantes das forças do bem; cada um de nós é um obreiro da Arte Real.

Temos que agir urgentemente. As formas aparecerão. Sugiro que cada Irmão apresente uma alternativa por escrito ao Venerável Mestre de nossa Oficina, para que nas próximas sessões examinemos cada uma delas, sua viabilidade de execução, bem como os recursos necessários.

Encerrou seu emocionado pronunciamento dizendo:
– O objetivo está claro; o que necessitaremos é de estratégias.

A noite já estava alta quando a reunião foi encerrada com um Ágape fraterno. Como resultado dessa reunião, alternativas foram apresentadas; e dentre elas, algumas se destacaram: a busca imediata na comunidade de homens íntegros e corajosos para o enfrentamento; a ação conjunta com Irmãos de outras oficinas; a identificação dos corruptos e sua denúncia junto ao Poder Judiciário; o apoio incondicional às forças de segurança através da iniciação dos profissionais dessa área; a ação nas instâncias superiores da administração pública para nomeação de obreiros em cargos estratégicos para o combate à corrupção e ao crime organizado; a vigilância constante das ações dos criminosos; o comprometimento imediato das lideranças da Ordem.

Alguns anos mais tarde, o local de reuniões dos Homens de Preto estava transformado. Sua estrutura física fora incrementada, o número de operosos obreiros triplicou, homens dignos, honestos e competentes tornaram-se guerreiros implacáveis, incansáveis, temidos pelos criminosos e respeitados pela comunidade.

Lideranças danosas à sociedade foram substituídas e destituídas de seu poder. O poder público foi higienizado e a vida voltou a vibrar no dia a dia de seus moradores. A paz voltou a reinar na cidade e a felicidade retornou ao seu seio.

Certa noite, com a Oficina repleta em suas colunas, o decano pedindo a palavra, levantou-se e falou:

– Voltamos a ter a tranquilidade em nossa cidade. A que devemos isso, inquiriu?

E, sem aguardar respostas, continuou:

– A consciência de cada um de suas responsabilidades com a Sagrada Ordem, ao espírito de Fraternidade que prevaleceu em nossos corações, a Fraternidade não só entre nós, mas em toda a sociedade. Somos guerreiros do Grande Arquiteto do Universo, somos os vigilantes do bem e guardiões da sociedade. A batalha está vencida graças ao esforço de cada um dos presentes. Juntos somos imbatíveis. A luta será sempre constante. Cada um de nós em sua atividade profissional tem o dever de zelar pelo cumprimento das leis, acreditar na justiça e pugnar por seus exemplos. Teremos que vigiar, orar e agir sempre pelo bem e para o bem. O Grande Arquiteto do Universo sempre esteve, está e estará sempre ao nosso lado. Sigamos unidos, fortes e íntegros em nossas tarefas pela paz e pelo bem de nossos semelhantes. Sejamos sempre limpos e puros.

Em voz uníssona e trepidante, todos responderam:

– **ASSIM SEJA.**

A DEDICAÇÃO DO VENERÁVEL MESTRE

Um dos nossos veneráveis Irmãos pertencente ao quadro de obreiros de uma de nossas mais antigas e respeitáveis Lojas Maçônicas, após cumprir um ano como dirigente de sua Oficina, sofreu um derrame cerebral que o impediu, por longo tempo, de frequentar as atividades de sua Oficina.

Nesse período de inatividade, teve a atenção e carinho de todos os seus irmãos. Visitas, fraternal apoio, consultas médicas e outros gestos da fraternidade.

A Loja, como não poderia deixar de ser, através de seus obreiros, esteve sempre presente no período de hospitalização e posteriormente de recuperação.

Restabeleceu-se fisicamente e voltou às suas atividades profissionais e da Ordem. Durante mais alguns anos trabalhou com afinco na empresa que o contratara com dedicação e zelo profissional, até que, por acordo entre empresa e profissional foi concluído o vínculo empregatício.

Todavia, o destino reservara a esse obreiro mais um desafio, mais um obstáculo, pois em pouco tempo foi vítima de mais um derrame, que praticamente impediu o desempenho de sua atividade profissional.

Cirurgia e tratamento hospitalar foram realizados visando a recuperar a saúde de nosso estimado Irmão.

Desde então, sua Loja, consciente da dificuldade que passara a enfrentar, decidiu assumir suas despesas pessoais e, ao mesmo tempo, providenciar junto aos órgãos da Previdência Social os direitos que lhe eram devidos e nesse embate Irmãos da área do Direito dedicaram-se com afinco ao desiderato de todos, ou seja, dar ao nosso Irmão uma aposentadoria digna, nos termos de nossa legislação.

Ressalte-se que a Loja esteve sempre atenta às dificuldades de seu obreiro, sem nunca deixar faltar alimentos e medicamentos de sua necessidade.

Os esforços foram coroados de êxito, e nosso Irmão recebeu os valores de sua digna aposentadoria.

Ocorreu que nos últimos anos, face ao recrudescimento de sua doença, seu comportamento tornou-se fora dos padrões normais da sociedade.

Tornou-se recluso, não frequentava mais os trabalhos de sua Oficina e algumas vezes quando participava dava sinais de desequilíbrio emocional.

A partir desse quadro e face ao estado de saúde física e mental, o Venerável da Loja decidiu assumir o apoio ao Respeitável Irmão, periodicamente e, sempre que necessário, o levava em seu próprio veículo para hospitalização, consultas e exames médicos nos mais diferentes dias e horários.

Ao passar do tempo, o quadro foi piorando e nosso Irmão já havia perdido todo o equilíbrio físico e emocional, ficando sob o fraterno acompanhamento do Venerável da Loja e de sua administração.

Diariamente recebia a visita do Venerável e algumas vezes acompanhados de outros Irmãos da mesma Oficina e, já com dificuldade de reconhecer seus Irmãos de Loja.

Até que um dia, em visita de apoio e sem resposta, o Venerável o encontrou caído ao solo, já morto. Avisou seus Irmãos de Loja e familiares do obreiro e, após as praxes regulamentares, providenciou as exéquias regulamentares.

No prazo estipulado pelos rituais da Ordem, foi realizada, com a presença de familiares e de seus Irmãos, a Cerimônia de Pompa Fúnebre em honra ao Maçom que passara ao Oriente Eterno.

O que gostaríamos de destacar, neste texto, foram os esforços do Venerável Mestre e obreiros da Loja, que, de forma incansável e fraterna, dedicaram-se a um obreiro de sua Oficina, da mesma forma que teria feito com alguém de sua própria família.

Esse belo e maravilhoso exemplo não se constitui em surpresa para aqueles que integram o quadro de obreiros das Oficinas Maçônicas, mas, sim, uma fraterna responsabilidade que deve ser praticada por aqueles que, sob a bênçãos do Grande Arquiteto do Universo, têm a felicidade de integrar as hostes da Família Maçônica. **São coisas de Maçom.**

A SOCIEDADE FRATERNIDADE

Um dos princípios basilares da Ordem Maçônica é o da *Fraternidade*. Já dizia um dos fundadores da instituição em análise que sem fraternidade não há Maçonaria. É, por essa razão que relatamos o histórico desta instituição que se constitui em exemplo de amor ao próximo.

Corriam os saudosos anos cinquenta quando um grupo de dedicados e sábios Maçons reuniram-se com o firme propósito de fundarem uma instituição civil de caráter filantrópico para assistirem seus Irmãos de fraternidade e seus familiares.

Na data de quinze de março de 1952, em Assembleia Geral, quase meia centena de Maçons, decidiram por unanimidade constituir a Sociedade de Beneficência, Cultura, Recreação e Previdência Fraternidade, composta pelo obreiros da Loja Luz e Ordem, 9 e irmãos de outras Oficinas que desejassem associar-se na qualidade de sócios cooperadores.

Fundada a associação e constituída sua Diretoria, passaram a atuar na forma de sua concepção estatutária, auxiliando sempre que identificadas as necessidades de seus obreiros, familiares e instituições assistenciais.

Ao longo de sua história, seus associados, obreiros de Loja caracterizavam a Sociedade Fraternidade como a Loja em Recreação, pois ao fim de cada reunião, mesmo sem sede própria, reuniam-se para um

Ágape Fraternal ou mesmo para discutir os assuntos fora do templo.

Alguns anos mais tarde, pelo esforço coletivo, foi adquirido um belo e amplo terreno, onde iniciaram as tarefas de construção da sociedade. Aos fins de semana, enquanto alguns se dedicavam às tarefas de preparação do terreno, mesmo com um causticante sol, as cunhadas zelosas e dedicadas traziam aos *operários* da Fraternidade lanches e algumas até pratos especiais para apreciação dos trabalhadores.

O tempo avançou e a instituição, em parceria com a Grande Loja Maçônica do Rio Grande do Sul, ergueram um belo prédio, na Avenida Praia de Belas, 560, cabendo à Fraternidade o piso térreo e à Administração da Grande Loja o piso superior, onde se realizavam as sessões litúrgicas do Rito Escocês Antigo e Aceito.

Cumprindo seus estatutos, a Sociedade Fraternidade dedicou-se ao atendimento de seus associados, os Irmãos da Loja, em suas necessidades. Foi criado um Consultório Médico atendido por um de nossos Irmãos, tanto para os obreiros quanto para os necessitados. Ocorria também atendimento na área judiciária e fiscal pelos irmãos especialistas no assunto.

A sede instituída, iniciaram-se as fraternais atividades entre os Irmãos e seus familiares. Jantares mensais, em que cada família contribuía com um prato especial, algumas vezes com sorteio de belos brindes aos presentes. Festejava-se sempre o Dia das Mães, primeiro em Loja com belas rosas às Cunhadas e Sobrinhas.

Festejava-se também o Dia dos Pais, com a presença maciça dos obreiros e com a participação de Irmãos que fraternamente dedicavam-se na cozinha a oferecer apetitosos pratos e até algumas vezes churrasco e galeto.

Celebrava-se também o Dia do Maçom com ágapes fraternais e algumas vezes com Jantar Ritualístico seguido de apetitosos pratos e deliciosas sobremesas. Algumas vezes, por sugestão de algum Irmão, o evento era realizado em alguma entidade assistencial.

O foco da instituição era e será sempre a Fraternidade entre os Maçons, principalmente os da Loja, quando algum de seus associados enfrentava dificuldades na área financeira, jurídica ou mesmo na área da saúde física com consultas médicas e aquisição de medicamentos.

Atualmente a Sociedade Fraternidade tem socorrido seus associados nas mais diversas formas, alguns com recursos financeiros, outros na busca de ocupação profissional como forma de manter sua renda pessoal, de forma discreta e muitas vezes sigilosa.

Recentemente, com as cheias da enchente, nossa sociedade foi invadida pelas águas, chegando à altura de quase dois metros, inundando todo o prédio e destruindo tudo. Arquivos, correspondências, trabalhos e peças de arquitetura dos obreiros, móveis, louças, quadros e tantos outros bens foram perdidos.

Em outras sociedades profanas esse desastroso evento seria trágico e poderia até encerrar suas atividades, mas na Sociedade Fraternidade, com seu corpo de associados, composto de homens fortes, livres e de bons costumes, foi um desafio lançado pelas forças da natureza e esses obreiros, esses homens de preto trocaram o traje Maçônico pelas botas, macacões ou mesmo calças *jeans* e já estão na batalha pela recuperação física de sua sede social, augurando que dentro de pouco tempo já possam desfrutar seus afetivos e deliciosos ágapes, pois isto é: **Coisa de Maçom**.

EPÍLOGO

Todos os relatos desta obra foram colhidos ao longo da minha vida na Sagrada Ordem, quer por participação pessoal ou mesmo por relatos de Irmãos. Mas, para mim, o mais tocante foi aquele em que um familiar direto foi acolhido e amado por um membro de nossa Ordem, como se fosse de sua própria família.

OS TIOS FLORIANO E EDI

Em fevereiro de 2013 fui buscar meu neto Luis Fernando em um Curso Pré-Vestibular, onde continuava seus estudos para a carreira na área de Medicina, um de seus belos e desejados sonhos.

Ao entrar no carro senti, em sua fisionomia, uma expressão de alegria. Após rodar algumas quadras e depois das protocolares conversa, ele com um sorriso maroto olhou para mim e disse:

— Vô, passei no vestibular de Medicina na Universidade Federal de Santa Maria.

Parei o carro e, em lágrimas, dei-lhe um forte e carinhoso abraço; meu neto havia conquistado um de seus sonhos: era acadêmico da Faculdade de Medicina em uma das mais conceituadas Universidades Brasileiras. Instituição a que tive a honra de pertencer durante cinco anos e colaborado na estruturação do currículo do Curso de Administração e na indicação de vários colegas para as vagas de docência.

Foi uma dádiva Divina.

Com o mesmo sorriso maroto, voltou a falar-me:

— Vô, tu és o primeiro a saber da notícia. A mãe, Sayonara, e o Duda, Luis Eduardo, irmão mais velho, ainda não sabem.

Peguei meu celular e disse:

— Avisa tua mãe, teu irmão, tua avó, teus tios, enfim avisa todos os familiares, avisa teus amigos, avisa Porto Alegre, avisa o Rio Grande do Sul e o Brasil inteiro desse imenso passo que acabas de conquistar, falei ainda em lágrimas.

Buscamos a Sayonara, mãe do Luis Fernando, em seu trabalho no Instituto de Bioquímica da UFRGS. Ela já entrou no carro em prantos; era um misto de lágrimas e sorrisos; seu filho mais novo iniciava seu sonho. Foram muitos beijos e abraços daquela dedicada e amorosa mãe.

Chegamos na minha casa, e minha esposa, Graciema, avó, estava também em lágrimas. Não esperou ele descer do carro e abraçou-o com todo o amor que uma avó pode, em forma de energia, transferir ao seu neto. Depois vieram os tios, tios-avós, amigos e colegas.

Alguns dias depois, a festa com a presença de todos os familiares.

Após os festejos, veio a grande pergunta: onde morar? Como resolver esse problema?

Lembrei-me, como sempre, da Ordem e liguei para meu Irmão Valdir Gomes e perguntei sobre nosso Irmão Floriano Rodrigues Moreira, que, em minha lembrança, residia no Oriente de Santa Maria; na mesma hora Valdir deu-me o telefone e endereço do Floriano.

De posse das informações, na data da apresentação, rumamos cedo da manhã direto para a Universidade. Na instituição representei o Fernando, pois meses antes seu pai, Luiz Gustavo, havia falecido.

Fomos muito bem recebidos pelo Coordenador do Curso, Professor Gilmar José Farenzena que, após as praxes protocolares, liberou-nos para tratarmos dos assuntos pessoais do Fernando.

Da Universidade fomos direto para a residência do Floriano, e ele e a cunhada Edi nos receberam carinhosamente. Na comitiva, além de mim e do Fernando, estavam minha esposa, Graciema, minha filha Sayonara e meu filho Glauco Antonio, e mais dois Irmãos, amigos do Glauco e pertencentes à Ordem naquela cidade. Posto o problema no sentido de buscar alternativas, nosso Irmão Floriano falou:

– Em meu prédio tenho um antigo escritório, composto de três peças que poderei oferecer imediatamente; mais tarde, será desocupado um apartamento que poderá ser utilizado pelo Fernando.

Após a visita ao local, Fernando opinou:

– Gente, eu vim aqui para estudar, para alcançar um sonho que tenho desde minha infância. O local me serve. Faltam apenas alguns detalhes que eu e a mãe resolveremos.

Minha filha Sayonara, que era uma guerreira, saiu com o Glauco para completar a mobília do apartamento e tudo que se referia a infraestrutura para o Luis Fernando.

Dois dias depois voltamos a Porto Alegre, e o Nando, agora sob o carinho e a guarda do casal Floriano e Edi, começava sua carreira na Medicina.

Os anos foram passando e minha filha e meu neto cada vez mais encantados com os tios Floriano e Edi. A Sayonara viajava a cada quinze dias para Santa

Maria. Trabalhava de segunda a sexta e no fim da tarde ia para a Rodoviária e viajava quatro horas de ônibus, do ônibus ia direto ao supermercado comprar o suprimento necessário ao filho. Várias vezes a Cunhada Edi esperava a Sayonara para ajudá-la até chegar ao apartamento, oferecendo a ambos saborosos lanches.

Nosso Irmão Floriano e a Cunhada Edi assumiram carinhosa e fraternalmente a paternidade do Fernando, tratando-o sempre como um membro de sua família.

Em setembro de 2016, vítima de um infarto fulminante, minha filha Sayonara faleceu; não é possível imaginar nossa dor por essa perda. Após as cerimônias fúnebres, fomos a Santa Maria para auxiliar o Fernando, agora órfão de pai e mãe. Na chegada fomos recebidos por Floriano e a Cunhada Edi, que em seu apartamento frisaram taxativamente:

– O Fernando é agora nossa maior responsabilidade. Será, como sempre foi, um filho para nós, e foi. O casal dedicou-se inteiramente a cuidar do sobrinho, a ponto de muitas vezes não dormirem enquanto ele não chegava dos estudos.

No dia seis de janeiro de 2018, ele recebeu a consagração pelo Reitor da Universidade Federal de Santa Maria, com o título de Médico. Junto aos nossos familiares, lá estavam Floriano e Edi para abraçar aquele que eles tanto amaram.

Lágrimas rolaram em todos os familiares por ocasião da titulação do Fernando e pela ausência material da Sayonara, mas tenho certeza que em espírito ela esteve presente.

O desafio foi vencido, a primeira fase do objetivo fora alcançado, mais objetivos surgiriam na carreira, mas o primeiro passo fora dado.

PS. Seria ingratidão de minha parte não mencionar e agradecer também o apoio e a orientação recebidos de nossos Irmãos das Lojas do Oriente de Santa Maria, que, na função de docência, estiveram sempre ao lado do Fernando. Somos todos gratos, ainda, ao Professor Gilmar José Farenzena, Coordenador do Curso de Medicina, que com uma gentileza fraterna veio abraçar-me após a cerimônia de formatura, lembrando-se de nosso encontro na apresentação.

Seremos, eu e meus familiares, eternamente gratos ao casal Floriano e Edi, e rogo que o Grande Arquiteto do Universo os ampare, proteja e ilumine sempre seus caminhos, pelo exemplo de fraternidade.

Quando contamos esta história da vida do Fernando, vem sempre a pergunta: qual a razão de o casal assumir a paternidade de um desconhecido jovem?

Coisas de Maçom.

A ENCHENTE

O mês de maio de 2024 deixou para a comunidade do Rio Grande do Sul marcas inesquecíveis e, ao mesmo tempo, trágicas. A força das águas da bacia hidrográfica que circunda a região metropolitana de Porto Alegre, estimulada pelas chuvas torrenciais, levou-nos ao desespero nunca antes imaginado.

O fenômeno, em termos de volume de água, em alguns lugares, atingiu a altura de quase dois metros, deixando lares, estabelecimentos comerciais, indústrias e outros completamente cobertos pelas águas dos rios, principalmente do nosso Guaíba.

Centenas de famílias foram desabrigadas, ficando ao relento em noites congelantes. Mas, o coração de muitos gaúchos deixou a batida tranquila de cada dia e, ao saber da tragédia de seus Irmãos, acelerou a marcha e atirou-se com fé e coragem no auxílio aos desabrigados, barcos foram lançados às águas escuras e revoltas na busca de náufragos desesperados. Veículos movimentaram-se carregados de voluntários, abrigos e mantimentos. Naquela ocasião só havia uma identidade: todos eram irmãos, filhos do mesmo pai, obreiros de todas as fraternidades religiosas.

Templos, igrejas, sociedades e clubes abriram fraternalmente suas portas àqueles expurgados de seus lares pela força da tragédia. Autoridades civis e militares de todas as armas, em vista da força do evento, assumiram a coordenação estratégica das ações de socorro e apoio aos flagelados. Famílias com seus entes e seus animais domésticos foram carinhosamente socorridos e encaminhados aos pontos formais de apoio.

Dentre as instituições atingidas encontramos nossas Lojas Maçônicas, nossas oficinas de trabalho, nosso centro de fraternidade. Muitas tiveram seus bens abalados pela força do fenômeno, outras dedicaram-se ao trabalho de ações socorristas e de apoio aos semelhantes.

Em nossa Casa Mater, a Grande Loja Maçônica do Estado do Rio Grande do Sul, o fenômeno não perdoou. A parte térrea invadida pela forte corrente foi completamente inundada. O fenômeno ao invadir nossa sede causou enormes prejuízos pelos quase dois metros de águas em seu imóvel.

No mesmo prédio, andar térreo, lá estavam, também, a Loja Luz e Ordem 9, e a Sociedade Beneficente Fraternidade, tudo debaixo d'água, nada podendo ser salvo. Registros administrativos e históricos foram completamente perdidos, fotos e relíquias, também destruídos.

Mas, nesse triste episódio, uma coisa não foi perdida: a fé na obra do Grande Arquiteto do Universo, pois, ao tomarem ciência deste triste e doloroso evento, parte dos irmãos dedicou-se zelosa e fraternalmente ao auxílio aos semelhantes com doações de roupas e alimentos aos necessitados nos postos de recepção, e não foram poucos.

Outros, ao sentirem a retirada gradativa das águas, vestiram macacões, calçaram botas e com ferramental disponível foram para sua Oficina de Trabalho com o ardor de seu amor à Ordem, limpar, higienizar e devolver a vida daquelas instituições a todos os seus Irmãos, e trabalharam exaustivamente, sem temor, nem ociosidade, mas com a força da pureza de seus corações.

A enchente, este fantasma que amedrontou a muitos, nem de longe assustou os obreiros da Arte Real; estimulou-os, sim, mais uma vez, à prática da Fraternidade Maçônica, marco inolvidável na vida do Maçom, pois atender às demandas de seus semelhantes em situações de necessidade só pode ser: **COISA DE MAÇOM**.

AO GRÃO-MESTRE PEDRO MANOEL RAMOS

Percorreste tua caminhada na Sagrada Ordem
E, pelo destemor, lideraste gerações,
Dando a eles o caminho da luz e da fraternidade,
Realizando sonhos nas instituições do bem.
Orientaste, como Grão-Mestre, generosamente corações.

Mantiveste a firme postura, na mais bela função,
Atendendo aos preceitos Maçônicos, ditados pelos rituais
No rumo da universal fraternidade e na busca da união,
Olhando para o futuro de todos, sem preconceitos sociais
E, assim, foste justo e perfeito em cada decisão,
Levando a todos os valores morais e espirituais.

Realizaste a obra do Grande Arquiteto, como um raio de luz
Atento e diligente aos seus Irmãos e, como um bom Maçom,
Mostraste pelo teu exemplo, que até hoje conduz
Os obreiros que te seguiram felizes, de tua voz, o som
Sentido em suas mentes e corações, as palavras de Jesus.

REFERÊNCIAS

Constituição de Anderson. *Regulamentos Gerais de 1721/23*. Edição da GLMERGS.

DA CAMINO, Rizzardo. *Dicionário Maçônico*. São Paulo: Madras, 2013.

DRUCKER, Peter. *A Profissão Administrador*. São Paulo: Pioneira, 1998.

FACHIN, Luiz. *Virtude e Verdade – Graus Simbólicos*. Porto Alegre: Editora AGE.

Ritual de Aprendiz Maçom da Grande Loja Maçônica do Estado do Rio Grande do Sul – Da Maçonaria.

Ritual de Aprendiz Maçom da Grande Loja Maçônica do Estado do Rio Grande do Sul – Terceira Instrução.

Ritual de Aprendiz Maçom da Grande Loja Maçônica do Estado do Rio Grande do Sul – Abertura dos Trabalhos.

Ritual de Aprendiz Maçom do Grande Loja Maçônica do Estado do Rio Grande do Sul.

SCHWARTZ, Peter. *A Arte da Previsão*. São Paulo: Editora Página Aberta. 1995.

STREAB, Paul. *Breakpoints*. São Paulo: Atlas, 1993.